Geschichte
des
Plakates

Histoire
de
l'affiche

History
of
the Poster

Impressum

Autoren
Josef und Shizuko Müller-Brockmann
Übersetzungen
Französisch: Denise Schai
Englisch: M. J. Schärer-Wynne
Grafische Gestaltung
Inhalt: Josef Müller-Brockmann
Schutzumschlag: Shizuko Müller-Yoshikawa

Phaidon Verlag GmbH
Oranienburger Str. 27
10117 Berlin

www.phaidon.com

Erstausgabe im ABC Verlag 1971
Reprint in Broschur 2004
© 2004 Phaidon Press Limited

ISBN 0 7148 4403 9

Gedruckt in Hong Kong

Achevé d'imprimer

Auteurs
Josef et Shizuko Müller-Brockmann
Traductions
Française : Denise Schai
Anglaise : M. J. Schärer-Wynne
Conception graphique
Pages intérieures : Josef Müller-Brockmann
Jaquette : Shizuko Müller-Yoshikawa

Phaidon
2, rue de la Roquette
75011 Paris

www.phaidon.com

Première édition ABC Verlag 1971
Nouvelle édition brochée Phaidon Press 2004
© 2004 Phaidon Press Limited

ISBN 0 7148 4403 9
Dépôt légal mai 2004

Imprimé à Hong-Kong

Imprint

Authors
Josef and Shizuko Müller-Brockmann
Translations
French: Denise Schai
English: M. J. Schärer-Wynne
Graphic arrangement
Contents: Josef Müller-Brockmann
Dust-cover: Shizuko Müller-Yoshikawa

Phaidon Press Limited
Regent's Wharf
All Saints Street
London N1 9PA

Phaidon Press Inc.
180 Varick Street
New York, NY 10014

www.phaidon.com

First published by ABC Verlag 1971
Published in paperback by Phaidon Press
2004 © 2004 Phaidon Press Limited

ISBN 0 7148 4403 9

A CIP catalogue record for this book is
available from the British Library.

Printed in Hong Kong

Geschichte des Plakates

Histoire de l'affiche

History of the Poster

Josef und Shizuko Müller-Brockmann

Vorwort

Müller-Brockmanns Publikationsarbeit begann nach seiner Lehrtätigkeit an der damaligen Kunstgewerbeschule in Zürich, heute Hochschule für Gestaltung. *Gestaltungsprobleme des Grafikers* war sein erstes Buch, das 1961 im Niggli Verlag erschien. Nach seinem grossen Einsatz für die Gestaltung eines Pavillons an der Expo '64 in Lausanne begann er, sein zweites Buch, *Geschichte der visuellen Kommunikation*, für denselben Verlag vorzubereiten. Ich selber wurde nach meinem Studium in Ulm seit 1962 vor allem für die Expo Lausanne seine Mitarbeiterin. 1967 haben wir geheiratet. Seither habe ich ausserhalb der geschäftlichen Tätigkeit bei Josefs persönlichen Aktivitäten mitgearbeitet, dazu gehörten u. a. die Buchprojekte. 1963 begann Konrad Baumann seine Tätigkeit als Leiter des ABC Verlags in Zürich. Sein verlegerisches Thema konzentrierte sich auf schweizerische Grafik, und sein Wunsch war es, einmal mit Josef ein Buch zu publizieren. Damals sammelten wir aus der ganzen Welt viel Material für die *Geschichte der visuellen Kommunikation* und studierten die verschiedenen Literaturen. Irgendwann tauchte die Idee auf, die *Geschichte des Plakates* stilistisch geordnet zu veröffentlichen und der ABC Verlag nahm unseren Vorschlag auf. Die Arbeit an beiden Projekten ging Hand in Hand, und beide Publikationen erschienen 1971 dreisprachig.
Ziel und Ehrgeiz des Verlags war es, stets das schönste Buch zu publizieren und die jährliche Auszeichnung «Schönstes Buch des Jahres» zu gewinnen. Das war für uns sehr willkommen, und das ungewöhnliche Engagement für die Qualität in der Gestaltung und im Druck führte im Fall des «Plakat-Buches», wie wir die

Geschichte des Plakates intern nannten, zu einer hochqualitativen Buchproduktion: Der Verlag hatte eingesehen, dass die Plakatreproduktion durch die ästhetisch-sinnliche Wahrnehmung der Farben beeindrucken müsste und würde. So wurden die verschiedenen nuancierten Farben, die durch Vier-Farben-Rasterpunkte nicht darstellbar sind, wie Rot oder Blau, auch verschiedene Schwarztöne, Silber und Gold, speziell gemischt. Besonders grössere Flächen mit satter Farbigkeit benötigten separate Druckplatten.
Geschichte des Plakates gewann schweizerische nationale Preise und erhielt anlässlich der Leipziger Buchmesse 1972 eine Auszeichnung in der Kategorie «Schönste Bücher der Welt». Zur Buchpremiere konnten wir mit der Stadt Zürich eine Ausstellung «Geschichte des Plakates» im Helmhaus vereinbaren, die vom Stadtpräsidenten eröffnet wurde. Die 1. Auflage war bald vergriffen. Der ABC Verlag erhielt Nachbestellungen, aber finanziell war es leider nicht tragbar, diese kostbare Produktion zu wiederholen.
Um 1996 besuchte uns Richard Schlagman vom Phaidon Verlag mit seiner Freundin Amanda, und er äusserte, dass er sich für eine Publikation von Josef interessiere. Leider starb Josef nur kurze Zeit später.
Es freut mich sehr, dass der Phaidon Verlag nun entschied, das «Plakat-Buch» neu zu verlegen. Die Wiedergeburt des Buchs nach über 30 Jahren erleben zu dürfen, ist ein seltenes Glück. Ich hoffe, dass die jüngere Generation Ihren Spass an diesem Buch findet.

Shizuko Yoshikawa

Préface

Josef Müller-Brockmann a enseigné à la Kunstgewerbeschule (École des arts appliqués) de Zurich, devenue la Hochschule für Gestaltung (École supérieure de création), avant de se consacrer à l'écriture. Son premier ouvrage, *Gestaltungsprobleme des Grafikers* (les problèmes de la conception graphique), est paru chez Niggli en 1961. Après s'être beaucoup investi dans la conception d'un pavillon pour l'Expo 64 de Lausanne, il a publié chez le même éditeur un autre ouvrage, *Geschichte der visuellen Kommunikation* (histoire de la communication visuelle).
J'ai travaillé avec lui à partir de 1962, en particulier pour l'exposition de Lausanne, à l'issue de mes études à la Hochschule für Gestaltung d'Ulm, et nous nous sommes mariés en 1967. Dès lors, j'ai collaboré à ses projets personnels, notamment ses projets de livres, en dehors de son activité professionnelle. En 1963, Konrad Baumann, qui venait de prendre la direction de la maison d'édition zurichoise ABC, spécialisée dans les arts graphiques helvétiques, a manifesté son désir de publier un livre avec Josef. Nous avions alors rassemblé aux quatre coins du monde une importante documentation pour la *Geschichte der visuellen Kommunikation* et étudié tout ce qui avait été écrit sur le sujet. C'est ainsi qu'un jour nous avons eu l'idée de publier une histoire de l'affiche classée par styles ; cette proposition fut acceptée par ABC. Ces deux chantiers ont été conduits à quatre mains et, en 1971, les ouvrages ont paru simultanément en trois langues.
Cet éditeur perfectionniste visait le « Prix du plus beau livre de l'année » de la Confédération helvétique. Cette ambition nous convenait tout

Foreword

à fait. Pour le « livre des affiches » – c'est ainsi que nous appelions entre nous cette histoire de l'affiche –, nous nous sommes particulièrement impliqués dans la conception graphique et l'impression du livre et un grand soin a été apporté à sa réalisation ! L'éditeur avait compris que l'effet visuel des affiches, lié aux couleurs, dépendrait de l'exactitude de leur reproduction. Ainsi, les diverses nuances de couleur, impossibles à obtenir en quadrichromie comme le rouge ou le bleu, ont été créées spécialement, de même que les tons noirs, argent et or. Les teintes saturées de certains à-plats ont nécessité une impression spéciale. Récompensé par plusieurs prix nationaux, cet ouvrage fut aussi élu parmi les « plus beaux livres du monde » au salon de Leipzig de 1972. Pour sa sortie, une exposition sur l'histoire de l'affiche, inaugurée par le maire de Zurich, a été organisée à la Helmhaus avec le concours de la ville. Le premier tirage fut rapidement épuisé. Mais, malgré l'afflux de commandes, ABC n'a pu prendre en charge le coût élevé d'une réimpression.

Plus tard, en 1996, nous avons reçu la visite de Richard Schlagman, de Phaidon, accompagné de son amie Amanda. Il souhaitait publier un ouvrage de Josef. Quelques mois plus tard, Josef nous quittait.

Je suis très heureuse que Phaidon décide aujourd'hui de rééditer le « livre des affiches ». C'est une chance extraordinaire de pouvoir assister à sa résurrection trente ans plus tard. J'espère qu'il séduira sa nouvelle génération de lecteurs.

Shizuko Yoshikawa

Josef Müller-Brockmann began publishing books after teaching at the then Kunstgewerbeschule (School of Arts and Crafts), now the Hochschule für Gestaltung (Design College) in Zurich. His first book was *Design Problems for the Graphic Artist*, published by Niggli Verlag in 1961. After his major contribution to the design of a pavilion at Expo 64 in Lausanne, he began to prepare his second book, the *History of Visual Communication*, for the same publishing house. In 1962, after finishing my studies at the Design College in Ulm, I myself began collaborating with him, chiefly on the Lausanne Expo, and we married in 1967. Since then I have collaborated on Josef's personal projects outside of his business activities, including his books. In 1963 Konrad Baumann became director of the ABC Verlag in Zurich. His subject area was Swiss graphic design, and he was keen to publish a book with Josef. We collected a great deal of material from all around the world for the *History of Visual Communication* and available studied the diverse literature. At some point we came up with the idea of publishing the *History of the Poster* too, arranged stylistically, and ABC Verlag took up our suggestion. We worked on the projects simultaneously, and both books were published in trilingual editions in 1971. ABC Verlag's goal and ambition were always to publish the most beautiful book possible and to win the annual Swiss Award for the 'Most Beautiful Book of the Year'. That was something we very much wanted, and our unusual level of commitment to quality in design and printing led to the 'poster-book' – our in-house name for the *History of the*

Poster – being produced to a very high standard. ABC had realized that if the reproductions of the posters were to look impressive, the sensory perception of the colours was of key importance. So the differently nuanced colours that cannot be represented by four-colour raster dots, such as red or blue, and various black tones, silver and gold, were specially mixed. In particular, large surfaces of dense colour required separate lead plates.

The *History of the Poster* won national awards in Switzerland, and at the Leipzig Book Fair it received the award reserved for 'Most Beautiful Books in the World'. To coincide with the book launch we were able to hold an exhibition entitled 'History of the Poster' in the Helmhaus, opened by the Mayor of Zurich. The first edition sold out very quickly. ABC Verlag received further orders, but sadly it was financially impossible to repeat the expensive production process.

Then around 1996, Richard Schlagman of Phaidon Press visited us with his girlfriend, Amanda, and he expressed an interest in publishing one of Josef's books. Sadly Josef died a few months later.

I am delighted that Phaidon Press has now decided to reprint the *History of the Poster*. To be able to experience the rebirth of the book after thirty years is a rare pleasure. I hope the younger generation will enjoy this book.

Shizuko Yoshikawa

Inhaltsverzeichnis

Sommaire

Contents

Alexeieff, Arp, Bangerter, Baumberger,
Beardsley, The Beggarstaff, Bernhard,
Bonnard, Bradley, Brun, Cappiello,
Cardinaux, Carigiet, Carlu, Carqueville,
Cassandre, Chéret, Cieslewicz, Colin,
Craig, Crosby/Fletcher/Forbes, Deutsch,
Dudovich, Engelmann, Erdt, Erni, Falk,
de Feure, Föache, Gage, Games,
Giacometti, Giannini, Glaser, Grasset,
Greiffenhagen, Hardmeier, Hardy,
Hazenplug, Heine, Herdeg, Hoffmann, A.,
Hohlwein, Kauffer, Keller, E., Klinger,
Léger, Lenica, Leupin, Lewitt-Him, Lhote,
Lichtenstein, Loupot, Mackintosh,
Mangold, Martinez, Matter, Métivet,
Meunier, Miró, Moos, Morach, Moser,
Mucha, Nathan, Niczny, Penfield, Piatti,
Picasso, Pintori, Poretti, Prikker,
Privat-Livemont, Rand, Reed, Rhead,
Roller, Savignac, Serrano, Steiner, H.,
Steinlen, Stiefel, Stöcklin,
Toulouse-Lautrec, Vallotton, Van de Velde,
Villemot, Warhol, Willette, Yendis, Zelek

Andermatt, Bärtsch, Baumberger, Bayer,
Bernhard, Birkhäuser, Brattinga, Buhe,
Bühler, Burcharz, Calame, Dexel, Erdt,
Erni, Gauchat, Gipkens, Haak, Hohlwein,
Ifert, Kamekura, Keller, E., Klinger, Külling,
Lohse, Matter, Monnerat, Müller, F.,
Müller-Brockmann, Neuburg, Ruegg,
Richter, K. G., Schulpig, Stam,
Steiner, H., Tanaka, Tschichold, Vivarelli

Dank

Remerciements

Acknowledgements

Die Autoren danken folgenden Persönlichkeiten und Institutionen für die grosszügige Hilfe bei der Beschaffung der Plakatbeispiele und für Erlaubnis der Reproduktion:
Herrn Heinrich Lüthi, Leiter der Plakatsammlung des Kunstgewerbe-Museums der Stadt Zürich. Er stellte den Grossteil der abgebildeten Plakate zur Verfügung. Wir konnten auch von seiner vorbildlichen, von ihm konzipierten Archivdokumentation Gebrauch machen.
Herrn Wil Bertheux, Leiter der Plakatsammlung des Stedelijk Museums, Amsterdam.
Frau Prof. Dr. Lise Lotte Möller, vormalige Direktorin des Museums für Kunst und Gewerbe, Hamburg, und dessen Leiter der Plakatsammlung, Herrn Dr. Heinz Spielmann.
Herrn Dr. Erwin Treu, vormaliger Direktor des Gewerbemuseums Basel und seinem Mitarbeiter, Herrn Urs Schwendener.
Herrn Philippe Rogivue, Privat-Sammlung, Kilchberg-Zürich.
Für die Überlassung von Fotounterlagen sind wir zu Dank verpflichtet:
Herrn Prof. Jozef Mroszczak, Biennale Internationale de l'Affiche-Varsovie, Warschau.
Herrn Prof. Umbro Apollonio, Archivio Storico d'Arte Contemporanea della Biennale, Venedig.
Die Neue Sammlung, Staatliches Museum für angewandte Kunst, München.
Herrn Dr. Popitz, Direktor der Kunstbibliothek, Berlin und Fräulein Dr. Christina Thon.
Unseren Dank den Kollegen für die Überlassung ihrer Werke, sowie all denen, die uns durch wertvolle Informationen freundlicherweise geholfen haben, und nicht zuletzt Herrn Baumann, Direktor des ABC Verlages für seine grosszügige Betreuung dieses Werkes.

Les auteurs remercient les personnes et institutions qui ont participé à la recherche d'affiches et qui ont consenti à leur reproduction:
M. Heinrich Lüthi, directeur de la collection d'affiches du musée des Arts et Métiers de Zurich, qui a mis à notre disposition la majeure partie des affiches reproduites, ainsi que l'excellente documentation d'archives conçue par ses soins.
M. Wil Bertheux, directeur de la collection d'affiches du Stedelijk Museum d'Amsterdam.
Mme Lise Lotte Möller, professeur, ancienne directrice du musée des Arts et Métiers de Hambourg, et M. Heinz Spielmann, directeur de la collection d'affiches.
M. Erwin Treu, ancien directeur du musée d'Art appliqué de Bâle, et son collaborateur, Urs Schwendener.
M. Philippe Rogivue, collection particulière, Kilchberg-Zurich.
Pour le matériel photographique, nous sommes particulièrement redevables à:
M. Jozef Mroszczak, professeur, Biennale internationale de l'affiche, Varsovie.
M. Umbro Apollonio, professeur, Archivio Storico d'Arte Contemporanea della Biennale, Venise.
La « Neue Sammlung », musée national d'Art appliqué, Munich.
M. Popitz, directeur de la Bibliothèque d'art de Berlin, et Mlle Christina Thon.
Nos remerciements vont aussi aux collègues qui nous ont confié leurs œuvres, à tous ceux qui nous ont fourni leurs précieuses informations, ainsi qu'à M. Baumann, directeur des éditions ABC, pour son aide dans la réalisation de cet ouvrage.

The authors wish to thank the following people and institutions for their generous assistance in providing examples of posters and giving permission for their reproduction: Mr Heinrich Lüthi, head of the poster collection at the Museum of Applied Arts, Zurich, who placed the majority of the posters illustrated, as well as his museum's exemplary archive, at our disposal.
Mr Wil Bertheux, head of the poster collection of the Stedelijk Museum, Amsterdam.
Professor Lise Lotte Möller, former Director of the Museum of Applied Arts, Hamburg, and Mr Heinz Spielmann, head of the poster collection there.
Mr Erwin Treu, former director of the Museum of Applied Arts, Basle, and his colleague, Mr Urs Schwendener.
Mr Philippe Rogivue, private collection, Kilchberg-Zurich.
We express our gratitude for photographic records to:
Professor Jozef Mroszczak, International Poster Biennale, Warsaw.
Professor Umbro Apollonio, Archivio Storico d'Arte Contemporanea della Biennale, Venice.
The New Collection, State Museum of Applied Arts, Munich.
Mr Popitz, director of the Art Library, Berlin, and Miss Christina Thon.
Our thanks to colleagues who have kindly made their works available as well as to all those who have helped us with valuable information and, last but not least, to Mr Baumann, director of the ABC Publishers, for his generous attention in the publication of this book.

Einleitung

Das Buch zeichnet die Entwicklungslinien der vier grundsätzlich verschiedenen Plakatauffassungen nach und belegt sie mit Beispielen. Unseres Wissens ist es der erste Versuch, die Geschichte der Plakatgestaltung aufzugliedern in
das illustrative Plakat,
das sachlich-informative Plakat,
das konstruktive Plakat und
das experimentelle Plakat.

Zum illustrativen Plakat zählen wir jene Gestaltungen, die mit zeichnerischen oder fotografischen Mitteln Situationen, Menschen oder Gegenstände darstellen.
Zum sachlich-informativen Plakat gehören jene Lösungen, die möglichst objektive, sachliche Informationen vermitteln möchten. Der Gestalter verzichtet darauf, primär sein subjektives, künstlerisches Gefühl zu äussern. Typisch für diese Plakate ist ihr fast anonymer Ausdruck.
Dem konstruktiven Plakat liegt immer ein Ordnungsprinzip zugrunde. Der Gestaltung sind die Elemente untergeordnet. Zwischen ihnen besteht ein proportionales Verhältnis, ebenso zwischen den Elementen und der ganzen Gestaltform. Der tektonische Aspekt herrscht vor. Das experimentelle Plakat überrascht stets, das Neuartige dominiert. Seine Formen und Formkonstellationen befremden zuerst, weil sie noch nicht zum Formvokabular der Zeit gehören. Sie sind ihrer Zeit voraus.

Introduction

Le présent ouvrage expose et illustre dans les grandes lignes l'évolution des quatre principaux types d'affiches. C'est, à notre connaissance, la première tentative de présenter l'histoire de l'affiche en distinguant, selon leur conception,
l'affiche illustrative,
l'affiche informative,
l'affiche constructiviste et
l'affiche expérimentale.

L'affiche illustrative vise à représenter des situations, personnages ou objets à l'aide du dessin ou de la photographie. L'affiche informative cherche à transmettre des informations par des moyens aussi objectifs que possible. Le créateur artistique renonce à exprimer ses impressions subjectives. Ce type d'affiche se caractérise par une expression quasi anonyme. L'affiche constructiviste a toujours pour base un principe d'ordre. Les éléments sont subordonnés à la conception d'ensemble. Un rapport proportionnel les relie, de même que les éléments et l'ensemble de la création formelle. L'aspect tectonique prédomine. L'affiche expérimentale provoque toujours la surprise, la nouveauté est de rigueur. Ses formes et ses constellations formelles étonnent au premier abord parce qu'elles restent éloignées du vocabulaire formel moderne.

Introduction

This book describes the paths of development of four basically different types of poster, and gives examples of these. As far as we know, it is the first attempt to classify the history of poster design as follows:
the illustrative poster,
the objective-informative poster,
the constructive poster, and
the experimental poster.

Among illustrative posters we include those designs which represent situations, people or objects shown by straightforward graphic or photographic means.
Objective-informative posters are those which impart factual information in as objective a manner as possible. Their designers suppress any subjective artistic feelings, and an almost anonymous expression is typical of these posters.
The principle of arrangement always forms the basis of a constructive poster: the elements are subordinate to the overall design. There is a harmonious ratio between the whole design and its constituent parts, and the 'structural' aspect predominates.
The experimental poster always surprises. Its forms, and variety of forms, appear strange at first because they still do not belong to the form-vocabulary of their time. The best of these posters are ahead of their time.

Das Wesen und die Funktion des Plakats

Plakate sind Barometer sozialer, wirtschaftlicher, politischer, kultureller Ereignisse und Wechselbeziehungen, Spiegel geistiger und praktischer Aktivitäten, der lebenszugewandten Seite des Menschen.

Das Plakat will uns eine Botschaft zur Kenntnis bringen, für Produkte werben, zu Veranstaltungen einladen oder zu Aktionen aufrufen. Um diese Aufgaben erfüllen zu können, müssen viele Menschen das Plakat sehen, es muss also an möglichst vielen Orten und Stellen angeschlagen werden. Das bedingt eine grosse Auflage.

Das Plakat demonstriert das Angebot der wirtschaftlichen und industriellen Produktion. Einerseits. Anderseits auch die Nachfrage, die Bedürfnisse der Konsumenten. Es orientiert über das kulturelle Niveau und gewährt einen zuverlässigen Einblick in die Mentalität der Bevölkerung.

Das Plakat informiert. Über die politische Situation, die Regierungsvertreter, die aktuellen Probleme des Staatshaushalts, die konventionellen oder progressiven Problemlösungen. Es gibt Aufschluss über die sozialen Zustände, illustriert aber auch sehr lebendig und anschaulich den Formwandel der bildenden Kunst, dessen Einfluss die Plakatkünstler ständig unterworfen sind.

Das Plakat antwortet jedoch nicht nur auf reale oder irreale Wünsche der Menschen, es suggeriert auch Wünsche. Indem es nicht die tatsächliche Existenz der Dinge wiedergibt, sondern ein Abbild, oft in so konzentrierter Form, dass dieses Abbild in unserer Fantasie zur Wirklichkeit wird.

Nach Max Bense sind Plakate, ihre Objekte und Argumente Netze, in denen sich die Wünsche der Menschen verfangen sollen. Im Plakat dargestellt, ist die Ware häufig verfremdet, man zeigt sie in einer wirklichkeitsfernen Umgebung, aus einer überwirklichen Sicht. Das Plakat glorifiziert so die Dinge und versucht unser Verhalten zu manipulieren. Die Plakatwelt löst Probleme für uns, konfrontiert uns aber auch damit, sei's abstrakt oder konkret, surreal oder symbolisch, neusachlich oder klassisch, barock, romanisch oder dorisch. Sie setzt – wiederum nach M. Bense – Werte und Maßstäbe mit ihren Behauptungen, pointiert die Ereignisse, ist Äusserstes an Welt. Das macht sie so lebendig. Sie legt fast zuviel in den Augenblick. Darauf beruht ihre Anziehung. Allerdings auch ihre Flüchtigkeit ...

Die Plakate leben in der horizontalen, nicht in der vertikalen Denkweise des Menschen, sie sind perfekte Eleganz der Oberfläche. Hier entsprechen sie ganz der technischen Welt: Sie unterstützen und beschleunigen die Perfektionierung der künstlichen Umwelt bis zur Übertreibung und Verzerrung.

Im Plakat koexistiert die Ware oder das Programm mit der künstlerischen Gestaltung, die praktische Aufgabenstellung mit der Kunst der Transformation.

Neue Erfahrungen und Erkenntnisse stellen das Plakat immer wieder in Frage, es überholt sich selbst im Wettlauf mit der Erfindung neuer Ausdrucks- und Aussageformen. Denn es ist das Resultat der geistigen Auseinandersetzung des Künstlers mit gestalterischen Problemen seiner Zeit.

Die Plakate, Erzeugnisse der Reproduktions- und Drucktechnik, schreiben die Geschichte der menschlichen Freuden, Bedürfnisse, Hoffnungen, Sorgen und Leiden, sie sind Seiten aus dem Tagebuch der lachenden und weinenden Menschheit.

Das Plakat ist bis heute eins der wichtigsten Kommunikationsmittel zwischen Produzent und Konsument, zwischen Veranstalter und Teilnehmer. Mit Hilfe von Bild und Text stellt es den Kontakt zum Betrachter her. Die Plakatidee und die Konzeption der Darstellung möchten das Interesse für die Botschaft wecken, es fixieren.

Das Plakat hat, je nach Aufgabenstellung, viele Funktionen: Es soll informieren, anregen, aktivieren, mobilisieren, interpretieren, in Frage stellen, provozieren, motivieren, überzeugen. Es erfüllt einen ökonomischen, kulturellen, politischen oder sozialen Zweck. Meist im subjektiven Sinne des Auftraggebers, nicht im objektiven Sinne des Nützlichen oder Notwendigen. Es soll, als der verlängerte Arm des Auftraggebers, den Betrachter an Produkte heranführen, ihn spontan ansprechen: so, dass sich die Botschaft im Unbewussten des Angesprochenen festsetzt, dort weiterwirkt und eine positive Einstellung zur propagierten Sache suggeriert.

Die Aufgabe des Plakats sollte sich nicht auf die Kommunikation zwischen Produzent und Konsument beschränken, sondern auch das ästhetische Empfinden des Betrachters verfeinern und so einen Beitrag zum künstlerisch-kulturellen Bewusstsein und Bewusstwerden unserer Mitmenschen leisten. Das überall gegenwärtige Plakat ist nämlich bereits zu einem umweltgestaltenden Element geworden.

Nature et fonction de l'affiche

Les affiches sont un baromètre des événements et des rapports sociaux, économiques, politiques, culturels ; elles sont un miroir reflétant les activités intellectuelles et spirituelles de l'homme. L'affiche transmet un message, propose des produits, invite à des manifestations ou lance des campagnes.

Pour atteindre ces objectifs, il faut qu'un grand nombre de gens voient l'affiche, présentée dans le plus de lieux possible. Cela implique un tirage important.

L'affiche témoigne de l'offre de la production économique et industrielle, mais aussi de la demande, des besoins du consommateur. Elle rend compte du niveau culturel et offre un aperçu de l'état d'esprit de la population. L'affiche donne des informations concernant la situation politique, les instances de pouvoir, les problèmes actuels de budget de l'État, les solutions traditionnelles ou progressistes à des problèmes donnés. Elle reflète la situation sociale, tout en constituant une illustration vivante et suggestive des changements de forme dans l'art pictural qui affectent en permanence l'activité créatrice de l'affichiste.

L'affiche ne se contente pas de répondre aux désirs, réels ou irréels, de l'individu : elle les suscite aussi. Loin de simplement refléter l'existence des objets, elle en donne une image qui est souvent si concise que, notre imagination aidant, elle devient réalité. Selon Max Bense, les affiches, avec les objets et arguments figurés, sont comme des filets destinés à capturer l'individu et ses désirs. Les articles présentés y apparaissent souvent sous une forme altérée, dans un environnement irréel ou selon une optique déformante. Ce faisant, l'affiche glorifie les objets et tente d'influencer notre comportement. L'affiche apporte des solutions à nos problèmes, mais nous pousse aussi à la confrontation, sous forme abstraite ou concrète, surréaliste ou symbolique, néo-objective ou classique, baroque, romaine ou dorique. Toujours selon M. Bense, elle établit d'autres échelles de valeurs, confère un accent spécifique aux événements, met en relief les valeurs de notre monde. Elle devient ainsi vivante, totalement centrée sur le moment présent. C'est ce qui explique sa force d'attraction, mais aussi son caractère éphémère.

L'affiche fait appel à notre façon « horizontale », et non « verticale », de penser. Elle exprime avec élégance ce qui est superficiel. Produit par excellence de la technique, elle contribue à sophistiquer le monde de l'artifice, jusqu'à l'excès et à la distorsion.

Dans l'affiche, le produit ou le programme coexistent avec la conception artistique, la présentation pratique avec l'art de la transformation.

L'acquisition de connaissances et expériences nouvelles remet sans cesse en question l'affiche, la contraint à se surpasser constamment dans la découverte de nouvelles formes d'expression.

Les affiches, produits de la technique de reproduction et d'impression, racontent l'histoire de nos plaisirs, de nos besoins, de nos soucis et de nos souffrances. Ce sont des pages extraites du journal de l'humanité, qu'elle soit triste ou joyeuse.

L'affiche reste l'un des principaux moyens de communication entre le producteur et le consommateur, l'organisateur et le participant. Elle établit une relation grâce à l'image et au texte. L'idée directrice de l'affiche et sa conception doivent susciter et retenir l'intérêt pour le message publicitaire. Selon les tâches qui lui sont assignées, l'affiche remplit de multiples fonctions : elle doit informer, stimuler, activer, mobiliser, interpréter, expliquer, provoquer, motiver, convaincre. Son rôle est à la fois économique, culturel, politique et social, allant en général dans le sens subjectif du client et non dans le sens objectif d'utilité, de nécessité. Moyen de prédilection prolongeant l'action du client, elle doit spontanément « capter » l'attention, éveiller un intérêt pour le produit : le message peut ainsi se fixer dans le subconscient, s'y développer et entraîner une attitude positive vis-à-vis de l'objet proposé. L'affiche ne doit pas limiter son rôle à la communication entre producteur et consommateur, mais contribuer aussi à développer la sensibilité esthétique et culturelle de nos contemporains. Présente partout, l'affiche est un élément constitutif important du monde qui nous entoure.

The character and function of the poster

Posters are barometers of social, economic, political and cultural events, as well as mirrors of our everyday lives.

Any given poster wants to bring a message to our notice, to publicize products, invite us to entertainments or advertise campaigns. In order to fulfil these tasks, it should be seen by as many people as possible – so it has to be exhibited widely, requiring an enormous number of copies.

On a practical level, a poster can give information about the political situation, government intentions, and topical financial issues, as well as conventional or imaginative solutions to problems. It can pass on information about social conditions, but can also vividly illustrate more esoteric subjects, such as the changing form of the fine arts, an area that, in turn, influences poster artists themselves.

It can give information about both highbrow and popular culture, and a fairly reliable insight into people's attitudes.

Most significantly, it demonstrates, on the one hand, consumer desires and, on the other, consumer products. It does not, however, merely answer people's wishes, real or imaginary, it also suggests wishes of its own. To do this, it traditionally reproduces not the actual existence of the things, but a likeness which is often in such a concentrated form that it becomes reality in our imagination.

According to Max Bense, posters – their objects and arguments – are 'nets' in which the wishes of the people are to be caught. Goods are often rendered unfamiliar on a poster; they are seen in unreal surroundings from a super-realistic point of view. So the poster glorifies things in trying to manipulate our behaviour. The poster – whether abstract or concrete, surrealistic or symbolic, modern or classical, baroque, Roman or Doric in style – solves our problems for us but also confronts us with new ones. Again according to Bense, it fixes values and standards with its assertions, emphasizes events and sees the world from without. That is what makes it so vivid. It lives almost too much in the moment. Its attraction is based on this super-reality but also, of course, on its transience. Posters play an active role in the continuing process of perfecting the artificial environment – to the point of exaggeration and distortion.

New experience and knowledge repeatedly question the efficacy of the poster, but it constantly renews itself with the discovery of new forms of expression and assertion, born out of the struggle of graphic artists with the design problems of their time.

Indeed, today, the poster is one of the most important means of communication between producer and consumer, organizer and participant. It fulfils an economic, cultural, political or social purpose, albeit mainly in the subjective sense of the client's requirements and not in the objective sense of utility and necessity. As the extended arm of the client, it should lead viewers to the product and appeal to them in such a way that the message finds its way into their unconscious minds, continues to work there and suggests a positive attitude towards the thing being advertised.

To do this, the poster must establish contact with the viewer by means of both pictures and text. The idea of its design is to awaken interest and hold it long enough for the message to get across.

It therefore has many functions according to its task. It can inform, stimulate, activate, mobilize, expound, query, provoke, motivate or convince – or all of these things.

The task of the poster should not, however, be limited to mere communication between producer and consumer, but should also improve the aesthetic sense of its viewers, thereby making a contribution to their artistic awareness and their awareness of their fellow human beings. The poster, which nowadays is present everywhere, has long been an important element forming our environment.

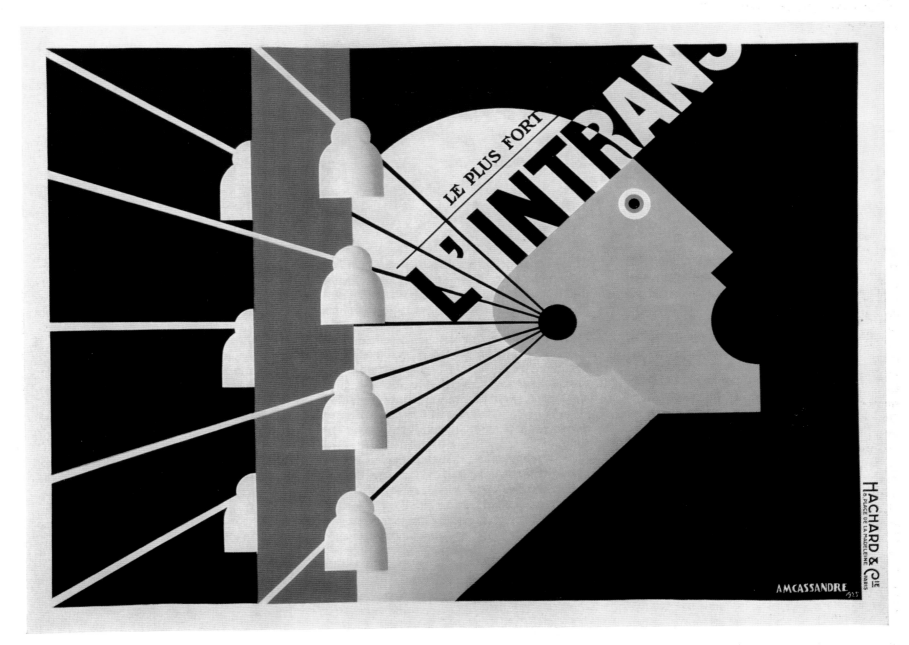

1
A. M. Cassandre
Zeitungsplakat. Lithografie
Affiche de journal. Lithographie
Newspaper poster. Lithography
1925 Paris
161 × 120 cm

Die gestalterischen Gesetze des Plakats

Das Plakat an der Strasse soll die Aufmerksamkeit, Beachtung, das Interesse oder wenigstens Neugier auf sich ziehen. Wir wissen aus eigener Erfahrung, dass uns hie und da eine Affiche überrascht und fesselt, so dass wir stehen bleiben, die Botschaft lesen und, je nach Inhalt, verschieden darauf reagieren. Aber die meisten Plakate bleiben unbemerkt. Weil sie nicht auffallen.

Hier liegt der neuralgische Punkt des Plakats: es sollte ins Auge springen «wie etwas Unerwartetes und Überraschendes, als eine Art optischer Zwischenfall ...», wie Cassandre es ausdrückte. Und weiter:

«Das zweite Hindernis ist die Gleichgültigkeit der Menschen in der Strasse. Das Plakat muss in ihre Gefühlssphäre eindringen, und zwar nicht, wie es die Staffeleimalerei tut, als «gentleman» durch die Tür, sondern wie ein Einbrecher durch das Fenster, mit dem Brecheisen in der Hand ...»

Das Plakat muss also aktiv sein. Obwohl es, an die Wand oder die Säule geklebt, zur Unbeweglichkeit verurteilt ist. Es sollte die Augen der vorübereilenden Menschen für Augen-Blicke auf sich fixieren, und zwar so, dass sich die Betreffenden über die Ursache orientieren. Mehr noch: das Plakat sollte innerhalb von Sekundenbruchteilen das Gehirn des Passanten so beeinflussen, dass er sich der Botschaft nicht entziehen kann, sich faszinieren lässt, aus Neugierde die Mitteilung zu lesen beginnt, bevor die Vernunft es realisiert und sich einschaltet. Geplanter Überfall aus dem Hinterhalt ...

Das schreibt sich leicht und macht sich schwer. Denn worin liegt das Geheimnis des Plakats, das die Blicke des Menschen auf der Strasse anzieht, sie bannt, bis sie die Nachricht aufnehmen? Das die Neugier nicht enttäuscht und den Betrachter mit dem guten Gefühl entlässt, einem interessanten Dialog beigewohnt zu haben? Dem Dialog zwischen Mensch und Plakat? Die Antwort muss man schuldig bleiben. Man kann nur feststellen, warum ein Plakat nicht «ankommt». Das Plakat, das trifft, das suggestiv zu sich führt, berührt uns als Ganzes, jeden Menschen persönlich, auf seine Weise, je nach Alter, Charakter, Bildungsgrad und momentaner Gemütsverfassung.

Allerdings sind einzelne Gestaltungsgesetze bekannt, nach denen sich die Plakatwirkung gezielt hervorrufen und steigern lässt. Dabei handelt es sich um Gesetze der Form, der Farbe, der Komposition, der Kontraste, der Grössenverhältnisse, der Mengen, des Rhythmus, der Dynamik, der Extension usw. Sie hier alle erläutern zu wollen, würde den Rahmen dieses Buches sprengen. Aber der Hinweis auf wenige exemplarische Fälle ist interessant im Hinblick auf Eigenart und Qualität der meisten reproduzierten Beispiele.

Text, Motivierung und Eingliederung in den Bildteil und seine optische Gegenwart sind gestalterische wie psychologische Probleme, die den Erfolg eines Plakats wesentlich mitbestimmen.

Allgemeine Forderungen an die Gestaltung:
Das Plakat muss lesbar, seine Botschaft verständlich sein.
Das Plakat muss interessieren, es muss innovativ sein, das heisst in der formalen oder textlichen Aussage etwas Neues, bisher Unbekanntes enthalten.
Das Plakat muss grosszügig angelegt, die Aussage, mit einem Minimum an gestalterischen Mitteln verdichtet, maximal wirksam sein.
Das Plakat muss mit grossen Formen gestaltet sein, damit es auch auf grosse Distanz hin wirkt.
Das Plakat muss auf Nahdistanz Impulse durch leichte Erkennbarkeit und die Summe der Details vermitteln.
Das Plakat soll in der Erinnerung des Betrachters haften bleiben, indem es zwischen ihm und einem Thema oder einer Ware eine neue Beziehung herstellt.

Die Schrift in der Plakatgestaltung:
Die in die Bilddarstellung integrierte Schrift ist ein Bestandteil der Bildinformation. In der Erinnerung verschmelzen beide Elemente untrennbar miteinander – diese Lösung wird als optimale gewertet (Abb. 1, 15, 20, 24, 27, 31, 63, 82, 102, 104, 133, 134, 137, 154, 196 u. a.). Die ausserhalb des Bildteils plazierte Schrift erscheint als Teil der Gesamtkomposition, wenn sie in Grösse und Farbe proportional und kompositionell mit den übrigen Teilen des Plakats verbunden und die Schriftfarbe im Bildteil wieder enthalten ist oder dort ihre komplementäre Entsprechung findet (Abb. 16). Die Schrift soll die rasche Information erleichtern. Sie kann das am besten mit einer klaren Form. In der richtigen Grösse ist sie auch auf Distanz lesbar (Abb. 141).

Die Information soll knapp, einfach und identisch mit dem Bildteil sein, sie erhöht so den kommunikativen Effekt (Abb. 104).
Die textliche Mitteilung soll modern sein, den Betrachter, bzw. Leser ansprechen (Abb. 291).
Die Schrift als formales Experiment kann überraschen, verliert aber, sobald die Form ins allgemeine Bewusstsein gedrungen ist, schnell an Wirkung (Abb. 277).
Die Schrägstellung der Schriften hat dynamische Wirkung (Abb. 197).

Die Form in der Plakatgestaltung:
Die Absicht des Plakats soll durch sinnvolle Formen und Farben klar zum Ausdruck kommen (Abb. 211).
Die Darstellungsform muss gross und auf Distanz wirken (Abb. 86).
Die klare Form soll ihren Signalwert erhöhen (Abb. 167).
Die kraftvolle Darstellung soll den Eindruck intensivieren (Abb. 1).
Die Darstellungselemente sollen kompositionell aufeinander bezogen sein, damit die Gestaltung kompakt wirkt (Abb. 220).
Die Elemente sollen sinngemäss geordnet sein, Impulse und Informationen in der gewünschten Reihenfolge wecken, bzw. vermitteln (Abb. 87).
Die Formelemente sollen durch starke Kontraste eine spannungsreich gegliederte Fläche und problemlose, schnelle Lesbarkeit ermöglichen (Abb. 154).
Die diagonale Komposition erzeugt eine dynamische Wirkung (Abb. 159).
Rhythmisierte Formelemente haben ebenfalls eine dynamische Wirkung (Abb. 196).

Der richtige Beschnitt des Motivs unterstützt die monumentale Wirkung (Abb. 137).
Auch eine lapidare Bildform kann einen monumentalen Effekt auslösen (Abb. 206).
Horizontale und vertikale Formelemente mit harmonischer Komposition können eine statische Form bilden (Abb. 179).
Das optische Schwergewicht sollte mit Vorteil über der Plakatmitte liegen, die Wirkung des Plakats ist so eleganter, leichter, weil die Form zu schweben beginnt (Abb. 197).
Die Bildform soll in der Gesamtwirkung transparent erscheinen (Abb. 247).
Der Gegenstand, stilisiert, typisiert und von jedem überflüssigen Detail befreit, wird dadurch wesentlicher, objektiver und zeitloser (Abb. 84).
Das Überschneiden von Schrift und Bild, zum Beispiel eines Produktnamens oder einer Produktmarke mit der Produktform, fördert die Bildeinheit (Abb. 127).
Das Überschneiden transparenter Formen steigert Dynamik, Rhythmik, Tiefenwirkung, Eleganz und Leichtigkeit der Bildformen (Abb. 264).
Expressive zeichnerische Linienführung kann das psychische Verhalten des Betrachters beeinflussen (Abb. 27).
Eine Diagonale von links unten nach rechts oben scheint anzusteigen, die andere abzusteigen (Abb. 240).
Die Bildelemente auf der rechten Seite sehen schwerer aus als auf der linken.

Die Farbe in der Plakatgestaltung:
Die Farbe kann als Symbolträger bei sozialen, wirtschaftlichen, politischen und kulturellen Aktionen die Absicht untermalen (Abb. 92, 133, 153, 181, 252).
Die Farbe lässt sich als Gegenstandsfarbe einsetzen (Abb. 165).
Die Farbe kann Vermittlerin einer bestimmten Atmosphäre sein (Abb. 11).
Die Farbe als experimentelle Äusserung mit starker Innovation kann in Bann ziehen (Abb. 288–291).
Die Farbe kann ein rhythmisierendes Element sein (Abb. 261).
Die Farbe als expressives Ausdrucksmittel psychischer Zustände kann Situationen erhellen (Abb. 114).
Die Farbe als Kommunikationsmittel kann Vorgänge erleichtern und Prozesse beschleunigen (Abb. 105).
Die Farbe kann verbindendes Element bei Serie-Plakaten sein (Abb. 282–291).

Diese Liste wirkungsbestimmender Faktoren ist natürlich nicht vollständig. Das illustriert eindrücklich, wie viele Gesichtspunkte man bei der Plakatgestaltung berücksichtigen muss, soll der Erfolg befriedigen.
Der tüchtige Gestalter braucht nicht alle Fragen bewusst durchzugehen. Meistens überprüft er seinen Entwurf aufgrund seiner Erfahrung subjektiv, gefühlsmässig, mit sicherem Instinkt dafür, was zulässig oder überflüssig ist.
Das wirksame Plakat enthält immer Unwägbares, das sich nicht messen lässt und die eigentliche Substanz des Schöpferischen, sein Geheimnis ausmacht.

Règles de conception de l'affiche

L'affiche placardée dans la rue doit attirer le regard, capter l'attention, susciter l'intérêt ou, du moins, la curiosité. Il est arrivé à chacun de s'arrêter devant une affiche, surpris, fasciné, avide de déchiffrer le message et d'y réagir. Mais la plupart des affiches passent inaperçues. Elles ne frappent pas, ne captent pas l'attention. C'est là le point névralgique de toute affiche : elle doit accrocher le regard « comme quelque chose d'inattendu, de surprenant, une sorte d'incident optique », a dit Cassandre, qui ajoute : « Le second obstacle est l'inertie de l'homme dans la rue. L'affiche doit pénétrer dans la sphère de son affectivité, non à la manière des "tableaux de chevalet", comme un "gentleman" entrant par la porte, mais comme un cambrioleur pénétrant par la fenêtre, les instruments d'effraction à la main. »
L'affiche doit donc être « active », même si, collée sur un mur ou une colonne d'affichage, elle est condamnée à l'immobilité. Elle doit accrocher le regard des passants et les inciter à se demander pourquoi leur attention a été ainsi captée.
Plus encore : en une fraction de seconde, l'affiche doit agir sur la pensée des passants, les contraignant à recevoir le message, à se laisser fasciner, à lire l'information par simple curiosité, avant que la raison n'intervienne et ne réagisse. Somme toute, une agression discrète, mais soigneusement préparée !
Cela est plus facile à écrire qu'à réaliser. Car quel est le secret de l'affiche qui réussit à attirer le regard et à le conserver jusqu'à ce que le message soit reçu, qui ne déçoit pas et qui donne l'agréable sentiment d'assister à un dialogue intéressant, celui de l'individu et de l'affiche ?

Il n'est pas facile de répondre. On peut, au mieux, voir pourquoi une affiche ne « prend » pas. L'affiche qui « accroche », qui captive, affecte toute la personne, touche chacun personnellement, selon l'âge, le caractère, l'éducation et l'état d'esprit du moment.
Il existe, certes, des règles de conception formelle permettant de créer ou de renforcer sciemment l'effet d'une affiche. Ces règles s'appliquent à la forme, à la couleur, à la composition, aux contrastes, aux proportions, aux quantités, au rythme, à la dynamique, etc. Une explication détaillée de ces lois dépasserait le cadre du présent ouvrage. Il nous paraît toutefois intéressant de relever quelques caractéristiques et critères qualitatifs spécifiques dont témoignent les exemples qui y sont présentés.
Le texte, les motifs, l'intégration à la partie picturale et la présence optique sont des problèmes de conception formelle et de nature psychologique dont dépend largement le succès d'une affiche.

Règles générales de conception de l'affiche :
L'affiche doit être lisible et son message facilement compréhensible.
L'affiche doit intéresser, innover, c'est-à-dire apporter, par sa forme ou son texte, quelque chose de nouveau, d'inconnu.
L'affiche doit être conçue à une bonne échelle ; son message doit produire un effet maximum avec un minimum de moyens graphiques.
L'affiche doit être composée de grandes formes, qui restent efficaces à grande distance.
De près, l'affiche doit conférer des impulsions grâce à une perception facile et à la somme des détails.
L'affiche doit se graver dans la mémoire en établissant entre le spectateur et un thème, ou un produit, une relation nouvelle.

La place du texte dans la conception de l'affiche :
Le texte figurant dans l'image fait partie de l'information transmise. Dans le souvenir, les deux éléments se mêlent – cette solution est la meilleure possible (ill. 1, 15, 20, 24, 27, 31, 63, 82, 102, 104, 133, 134, 137, 154, etc.).
Le texte placé en dehors de l'image fait partie intégrante de la composition d'ensemble si, par ses dimensions et ses couleurs, il se marie aux proportions et à la composition des autres éléments de l'affiche et si l'on retrouve la couleur des lettres, ou sa valeur complémentaire, dans l'image (ill. 16).
Le texte doit donner une information rapide. Sa forme doit être claire. De taille judicieusement choisie, il doit être lisible à distance (ill. 141).

L'information doit être concise, simple, et identique à la partie picturale afin de renforcer l'effet communicatif (ill. 104).

Le message livré par le texte doit être moderne et attirer l'attention de l'observateur ou du lecteur (ill. 291).
Le texte, en tant qu'expérience formelle, doit « frapper » ; cet effet s'estompe toutefois rapidement dès que la forme est retenue (ill. 277).
La disposition des caractères suscite un effet dynamique (ill. 170).

La forme dans la conception de l'affiche :
L'objectif de l'affiche doit être clairement traduit par des formes et des couleurs judicieusement étudiées (ill. 211).
La présentation formelle doit être généreuse et agir à distance (ill. 86).
La clarté des formes doit renforcer l'affiche en tant que signal (ill. 167).
La vigueur de la présentation renforce l'impression (ill. 1).
Les éléments d'expression doivent concourir harmonieusement à la composition d'ensemble pour lui donner un aspect plus dense (ill. 220).
Les éléments doivent s'intégrer à un ordre logique, provoquer des impulsions et transmettre des informations dans l'ordre désiré (ill. 87).
Les éléments formels doivent, grâce à de puissants contrastes, concourir à un agencement satisfaisant et permettre une lecture rapide et facile (ill. 154).
La composition en diagonale engendre un effet dynamique (ill. 159).
Le rythme des éléments formels provoque aussi un effet dynamique (ill. 196).
Une bonne césure du motif accentue l'impression générale (ill. 137).
Une forme picturale lapidaire peut également susciter une forte impression (ill. 206).

Les éléments horizontaux et verticaux harmonieusement composés peuvent concourir à créer une forme statique (ill. 179).
Le centre de gravité optique doit être placé de préférence au-dessus du centre de l'affiche : la composition gagne en élégance et en légèreté parce que la forme est plus éthérée (ill. 197).
Dans la conception générale, la forme picturale doit paraître transparente (ill. 247).
Stylisé, typé, sans détails inutiles, l'objet apparaît plus essentiel, plus objectif, plus intemporel (ill. 84).
L'imbrication du texte et de l'image, par exemple du nom ou de la marque d'un produit avec sa forme, renforce l'unité d'ensemble (ill. 127).
L'imbrication de formes transparentes augmente l'effet dynamique, rythmique, l'impression de profondeur, l'élégance et la légèreté des formes picturales (ill. 264).
Un dessin aux lignes expressives agit sur le comportement psychique (ill. 27).
Une diagonale allant du bas de la page, à gauche, vers le haut, à droite, semble monter ; la diagonale opposée semble descendre (ill. 240).
Les éléments picturaux du côté droit paraissent plus denses que ceux du côté gauche.

La couleur dans la conception de l'affiche :
La couleur prend une valeur symbolique et souligne l'objectif des campagnes d'affichage sociales, économiques, politiques et culturelles (ill. 92, 133, 153, 181, 252).
La couleur peut être utilisée pour caractériser l'objet (ill. 165).
La couleur révèle une certaine ambiance (ill. 11).
La couleur, en tant qu'expression expérimentale très innovante, peut fasciner (ill. 288–291).

La couleur peut être un élément rythmique (ill. 261).
La couleur, en tant que moyen expressif traduisant des états psychiques, peut rendre une situation plus claire (ill. 114).
La couleur comme moyen de communication peut faciliter, voire accélérer, le déroulement des processus (ill. 105).
La couleur peut être l'élément coordinateur des affiches sérielles (ill. 282–291).

Cette liste est loin d'être exhaustive. Mais elle montre bien la nécessité de prendre en considération un grand nombre de facteurs dans la conception de l'affiche pour qu'elle remporte le succès escompté.
Le créateur vérifie peu la mise en œuvre de ces critères. Doué d'un instinct sûr et d'une grande expérience, il décide intuitivement, subjectivement, de ce qui est bon ou superflu pour son projet.
Une affiche percutante contient toujours des éléments imprévisibles, difficiles à évaluer, qui constituent son essence créatrice, son secret.

The laws of poster-designing

A poster in the street should attract attention, interest or – at the very least – curiosity. We know from our own experience that, now and then, a poster so surprises and grips us that we stand still to read the message and react to it. But most posters go unnoticed because they are not striking.

This is where the main point of the poster lies. It should catch the eye 'like something unexpected and surprising, as a kind of optical incident', as Cassandre expressed it. He elaborated: 'The ... obstacle is the indifference of the man in the street. The poster must penetrate into his emotional realm, not like a gentleman going through the door with a painting on an easel, but like a burglar through the window with a crowbar in his hand ...' A poster must therefore be active even though, pasted on a wall or a pillar, it is condemned to immobility. It should, for a moment, catch the eye of those hurrying by in such a way that, being unable to avoid the message, they allow themselves to be fascinated by it. They then begin to read the notice out of curiosity before they fully realize that they are 'hooked': a kind of ambush! The successful poster thus enticingly draws us to it and stirs us – en masse, yet each in his or her own way.

This, however, is easier said than done. What is the secret of the poster that attracts the glance of people in the street and holds it until they have absorbed the news; that does not disappoint the curiosity; and that leaves the viewer with the agreeable feeling of having taken part in an interesting dialogue? There is no positive answer to this question; it can only be ascertained with any certainty why a given poster does *not* 'click'. But there are, of course, some laws of design, according to which the effect of a given poster can be consciously evoked and heightened. These deal with rules of form, colour and composition; with contrast and proportion; quantity, rhythm, dynamics, extension and so on. It is beyond the bounds of this book to try and explain them all but reference to a few exemplary cases is informative. The text, its underlying intention and the incorporation of the graphic elements are problems of both design and psychology, and help to determine the success of a poster.

General demands of poster design:
The poster must be legible and its message understandable.
The poster must be innovative and arouse interest, i.e. it must contain something hitherto unknown in its form or textual message.
The poster must be planned on a generous scale and must have maximum effect with a minimum of graphic means.
The poster must be designed with large shapes so that it is also effective at a distance. Close to, the poster must generate a response by means of easy recognition and the sum of the details.
The poster should remain in the memory of viewers by establishing a new contact between them and a new topic or a new product.

Lettering in poster design:
The optimum solution is that any lettering should be integrated into the image so completely that it becomes a component of the pictorial information. Both elements then merge inseparably in the memory (Figs. 1, 15, 20, 24, 27, 31, 63, 82, 102, 104, 133, 134, 137, 154, 196 among others).
Lettering placed outside the pictorial area seems to belong to the whole composition if it is connected – proportionally and in composition as well as in size and colour – with the other parts of the poster, and if the colour of the lettering (or its corresponding complementary colour) is also used elsewhere in the picture (Fig. 16).
The lettering should help to impart information quickly, and this is best done if the style is clear. Its size also needs to be appropriate, so that it is legible at a distance (Fig. 141).

The information must be concise, simple and exactly complement the pictorial element so that it increases the communicative impact (Fig. 104).

The textual announcement should be modern, and should appeal to the viewer or reader (Fig. 291).

The lettering, as an experiment in form, may surprise. This quickly loses its effect, however, once the form has penetrated the general public's consciousness (Fig. 277).

The disposition of the lettering can have a dynamic effect (Fig. 197).

Shapes in poster design:
The purpose of a poster should be clearly expressed by significant shapes and colours (Fig. 211).

The form of presentation must be large, so as to be effective at a distance (Fig. 86).

A clear shape can increase the 'signal-value' (Fig. 167).

Forceful presentation can intensify the impression (Fig. 1).

The elements of representation should be correlated with one another so that the design has a compact effect (Fig. 220).

The elements must be arranged logically: they must create impact and provide information in the desired order (Fig. 87).

The shapes should produce a well-composed surface that is full of interest and can be read quickly without any difficulty (Fig. 154).

A diagonal composition produces a dynamic effect (Fig. 159).

Rhythmic forms also have a dynamic effect (Fig. 196).

Correct cropping of the motif creates an impression of large size (Fig. 137).

A striking choice of image can also trigger a strong response (Fig. 206).

Horizontal and vertical shapes, harmoniously composed, can produce a static form (Fig. 179).

It is advantageous to have the optical emphasis above the centre of the poster. The effect is lighter and more elegant, because the shape begins to float (Fig. 197).

The form of the picture can appear transparent in the total effect (Fig. 247).

The object, when stylized, standardized and freed of all superfluous details, is thereby more significant, more objective and timeless (Fig. 84).

The overlapping of wording and picture, for example the name or brand of a product with the shape of the product, furthers the unity of the picture (Fig. 127).

The overlapping of transparent forms increases the dynamic and rhythmic effect, and enhances the impression of depth, elegance and lightness of the pictorial forms (Fig. 264).

Expressive graphic design can influence the viewers' attitude (Fig. 27).

A diagonal from bottom left to top right seems to ascend, and in the opposite direction to descend (Fig. 240).

Pictorial elements on the right seem heavier than those on the left.

Colour in poster design:
Colour, as the bearer of a symbol, can emphasize the subject of social, economic, political and cultural campaigns (Figs. 92, 133, 153, 181, 252).

Colour can be used to reinforce the character of an object or item (Fig. 165).

Colour can strengthen a scene or atmosphere (Fig. 11).

Colour, strongly innovative as an experimental expression, can be fascinating (Figs. 288–91).

Colour can be an element giving an impression of rhythm (Fig. 261).

Colour, as the means of expressing psychological conditions, can sharpen situations (Fig. 114).

Colour can simplify proceedings, and quicken ideas (Fig. 105).

Colour can be a connecting element in series posters (Figs. 282–91).

This list of influencing factors is, of course, not complete. But it illustrates how many factors have to be considered in poster design in order to obtain satisfactory results. Skilful designers have no need to study all these questions consciously. They generally examine their design, subjectively and emotionally, on the basis of their experience, with an instinctive feeling for what is admissible or superfluous.

An effective poster always contains something imponderable which cannot be measured, and which constitutes its 'secret'.

Die Vorgeschichte des Plakats

Der plakatähnliche Anschlag mit einer für die Öffentlichkeit bestimmten Mitteilung war bereits im Altertum bekannt. Er gab Hinweise, Erlasse, Befehle usw. an die Untertanen oder Bürger weiter, und zwar dort, wo sich das Volk versammelte: auf Marktplätzen, vor Tempeln, Kirchen, Stadthäusern. Hier teilte sich das gesprochene oder geschriebene Wort am schnellsten mit.

Nur wenige Zeugen solcher visueller Übermittlung sind bis heute erhalten geblieben. Eins der frühesten Beispiele ist der Codex Hammurabi, eine 225 cm hohe Dioritstele, auf der König Hammurabi (2067–2025 v. Chr.) die Gesetze des Reiches vom Sonnengott erhielt. In Indien ist es das berühmte Säulenedikt des Königs Asoka von Laurya-Mandangarh (um 250 v.Chr.). Dieser Art öffentlicher Manifestation politischer und religiöser Inhalte begegnen wir auch bei andern Kulturen.

Diese Vorgänger des heutigen Plakatanschlags wollten vielen Menschen gleichzeitig eine Botschaft nahebringen, den Leser im Sinne dieser Botschaft beeinflussen. Ihre Wirksamkeit war jedoch begrenzt: Es handelte sich um einzelne, an ihren Standort gebundene Werke, die nur die an ihnen vorübergehenden Menschen erreichten. Das vervielfältigte Plakat unserer Tage hingegen verfolgt den Menschen bis in die entlegensten Dörfer, er begegnet ihm nicht nur inmitten der Häuser, sondern sozusagen überall, auf Überlandstrassen, Wiesen, Feldern und in den Bergen. Erst die Griechen und Römer erweiterten die – bisher statische – Form der Mitteilung. Die Griechen erfanden die kinetischen und beliebig plazierbaren Anschlagtafeln, die «axones». Auf ihnen, die durch mechanischen Antrieb langsam rotierten, war das Programm von Sportanlässen zu lesen.

Bei den Römern tauchten zum ersten Mal Namen berufsmässiger «Plakatmaler» auf. Stolz unterschrieb ein Künstler «Lucius hat das gemalt». Ein anderer «... das hat geschrieben Aemilius Celer, allein, beim Mondenschein». Plinius rühmte den für seine Schauspielerportraits bekannten Callades.

Ungefähr 1600 auf die Mauern gemalte Aufrufe, Ankündigungen und Nachrichten fand man in Pompeji. Die Maueranschläge waren ein wichtiges Instrumentarium in der Hand der Kaiser und Politiker geworden. Sie benutzten es als Propagandamittel für ihre Ziele. Zirkusspiele, Gladiatorenkämpfe, Wagenrennen und Volksfeste machte man auf diese Weise publik.

Eine andere Plakatierungsform stellten gipsüberzogene Holztafeln auf den belebtesten Plätzen der Städte dar. Oder weissgestrichene Bretterwände, «alba» genannt, die man ebenfalls in Pompeji fand.

Händler und Gewerbetreibende erkannten den Wert solcher «Affichen». Sie liessen die Wände am Eingang ihrer Geschäfte mit Darstellungen ihrer Arbeit, ihrer Produkte oder Dienstleistungen bemalen, während die zahlreichen Gasthäuser Schilder und Tafeln vor ihre Türen hängten und darauf eine gute Bedienung versprachen. Oft schmückte man die Schilder mit Tierbildern und entsprechenden Namen, beispielsweise «Zum Kamel», «Zum Schwert» und andere.

Wandanschlag und Mauerbemalung müssen offenbar überhandgenommen haben, ein besorgter Zeitgenosse äusserte seinen Unmut darüber mit folgender Inschrift: «Wand, ich muss staunen, dass du noch nicht in Trümmer gesunken, da du das triste Gewäsch so vieler Schmierfinken trägst.»

Offizielle Inschriften wurden meist in Stein geschlagen, um ihnen längere Dauer, gleichzeitig aber auch zeitlose Erhabenheit und Gültigkeit zu verleihen. Die mit breitem Pinsel und effektvollen Farben auf die Mauern gemalten Wahlaufrufe und Anzeigen nannte man «Dipinti», die in den Stuck eingeritzten Zeichnungen «Graffiti».

Die Wände mussten allerdings ebenso häufig für Anzeigen persönlicher Art hinhalten, für Grüsse, Wünsche, Beschimpfungen, Mahnungen, Lobpreisungen, sinnige Sprüche, Dankesäusserungen, Ratschläge und Hinweise für Fremde, Rechnungen, Liebeserklärungen usw.

Die von Johannes Gutenberg erfundene Buchdruckerkunst (1439–44) erneuerte den ganzen Bereich der visuellen Kommunikationsmöglichkeiten grundlegend. Das Papier, in China im Jahr 105 n. Chr. von Ts'ai Lun erfunden, als Handelsware im 7. Jahrhundert nach dem vordern Orient gebracht, von den Arabern im 8. Jahrhundert bereits in Spanien eingeführt und im 10. Jahrhundert dort produziert, fand von hier aus Eingang in ganz Europa. Dieser Werkstoff, dünn und trotzdem widerstandsfähig, saugkräftig genug, um der Farbe Haltfestigkeit zu geben, bot sich der Erfindung Gutenbergs geradezu an.

Die Kunst des Buchdrucks ermöglichte zum ersten Mal in der Geschichte der Menschheit das in beliebig hohen Auflagen reproduzierbare geschriebene Wort. Der menschliche Geist bekam Flügel, seine Ideen und Gedanken fanden weltweite Verbreitung.

Mit der Erfindung Gutenbergs begann das Zeitalter der visuellen Kultur. Und der Buchdruck bildete die entscheidende Grundlage für die Entwicklung des Plakats. Dank der beweglichen Letter konnte man ganze Texte in kürzester Zeit und unbeschränkter Auflage drucken. Bald bereicherte der Holzschnitt das Schriftbild, bildliche Information die textliche. Wenige Jahrzehnte nach der Einführung der neuen Druckkunst erschien in England bereits der erste plakatähnliche Anschlag (1477).

Die Kirche, die Herrscher, aber auch geschäftstüchtige Händler, Handwerker und Verleger erkannten rasch die Bedeutung der neuen Technik und setzen sie für ihre Zwecke ein. Eine Unmenge Flugzettel wurden herausgegeben, die man verkaufte, verteilte oder anschlug. Kirche und Staat bedienten sich ihrer weniger als sachliches Informationsmedium, sondern vor allem als Mittel massiver Beeinflussung. Verleger zeigten damit ihre Bücher an, Händler ihre Waren, Ärzte warben damit um Kunden.

Im 16. Jahrhundert waren Regierungen, Städte und Gemeinden Hauptauftraggeber öffentlicher, meist typografisch dargestellter Anschläge. Illustrationen oder behördliche Insignien verwendete man nur gelegentlich. Im 17. Jahrhundert publizierten, besonders in Frankreich, angehende Doktoranden Thesen, grossformatig und mit Allegorien, Bildnissen und Emblemen bedruckt. Bedeutende Künstler wie LeBrun, Sébastian Leclerc, Callot und andere besorgten die Illustration.

Franz I. von Frankreich sah sich schon 1539 genötigt, eine Anweisung für den Plakatanschlag herauszugeben. 1653 war es in Paris unter Androhung der Todesstrafe verboten,

ohne gesetzliche Erlaubnis Anschläge zu drucken und anzubringen. Die vielen Plakatierungen und vor allem die Angriffe auf Staat und Kirche konnte man nur so kontrollieren. Im 16. und 17. Jahrhundert tauchten immer mehr Plakate mit Illustrationen auf. Im 18. Jahrhundert entstanden Plakate, die Artisten und ihre Kunststücke oft in reizvoller Manier bildlich darstellen. Regierungen wollten mit Plakaten schmucker Kavalleristen oder Feldsoldaten den Bürger zum Eintritt in die Armee bewegen. Illustrierte Plakate zur Rekrutenwerbung erschienen nur in Frankreich ab Ende des 17. bis Anfang des 19. Jahrhunderts. Theaterzettel aus dem 18. Jahrhundert deuten – in der Wahl der Lettern, in der Anordnung und dem bewussten Kontrast von grossen zu kleinen Wortgruppen – auf gestalterische Überlegungen des 19. und 20. Jahrhunderts hin. Kaum eins dieser Plakate hat überdurchschnittliches gestalterisches Niveau. Die Typografie war konventionell, die Illustration selten mehr als reizvolle, etwas unbeholfene Darstellungen von Schauplätzen und Ereignissen. In der ersten Hälfte des 19. Jahrhunderts kreierten Künstler in Europa und Amerika Affichen für Ausstellungen, Reiseunternehmen und Sportveranstaltungen, deren sichere und oft kühne typografische und farbliche Gestaltung heute noch anregend wirkt. Mit Beginn des 19. Jahrhunderts überschwemmte eine Flut von Affichen die Mauern und Häuserwände. Das führte zur Aufstellung fester Anschlagsäulen. In Deutschland erhielt der Berliner Drucker Ernst Litfass 1855 die behördliche Bewilligung zur Plazierung der von ihm entworfenen und seither nach ihm benannten runden Litfass-Plakatsäule.

Alois Senefelders Erfindung der Lithografie, 1796–98, verhalf den Künstlern zu einer bisher unbekannten Reproduktionstechnik. Dieses Flachdruckverfahren ermöglichte eine Farbtonskala von Schwarz bis Weiss in allen Abstufungen, beliebig grosse Formate und praktisch unbegrenzte Auflagen. Der Preis dieses hochwertigen Druckverfahrens war ausserdem noch erstaunlich niedrig.

Die von der neuen Technik begeisterten Künstler konnten nun endlich dieselben feinen Differenzierungen und Grautöne, die sie auf dem Papier hatten, auf einem Reproduktionsmaterial anwenden.

Verleger liessen ihre Bücher mit Lithografien berühmter Künstler schmücken und beauftragten meist dieselben Gestalter, das Plakat für die Propagierung der oft kostspieligen Bücher zu entwerfen. Die Künstler bedienten sich dafür gleichfalls der lithografischen Technik und erreichten eine überdurchschnittliche Qualität. Leute wie Grandville, Raffet, Horace Vernet, Gavarni, Gauché, Daumier und andere schufen Plakate, die den Enthusiasmus über die neue Technik und das Medium Plakat verraten.

Als 1827 die Chromolithografie, der Farbdruck, dazukam, war der Siegeszug der Lithografie nicht mehr aufzuhalten.

Das einzige Plakat aus der Hand Manets für das Buch von Champfleury, «Les Chats», 1868, zählt zu den überragenden Plakatleistungen des 19. Jahrhunderts.

Wenige Jahre später erlebte Paris den absoluten, bis zur Gegenwart unerreichten Höhepunkt künstlerisch-illustrativen Plakatgestaltens dank Künstlern wie Chéret, Toulouse-Lautrec, Steinlen und weiteren.

Les débuts de l'histoire de l'affiche

L'avis placardé dans un lieu public dans le but de livrer un message existait déjà dans l'Antiquité. Il transmettait des informations, des décrets, des ordres, etc. aux sujets ou aux citoyens, en particulier dans les lieux de rassemblement : places de marché, temples, églises, hôtels de ville. Là, la communication verbale ou écrite était particulièrement rapide.

Les témoignages de communication visuelle ancienne sont rares. L'un des premiers documents connus est le Code Hammourabi, une diorite haute de 225 cm sur laquelle étaient transcrites les lois du royaume qu'Hammourabi (2067-2025 av. J.-C.) avait reçues du dieu du Soleil. En Inde, on connaît les célèbres colonnes portant l'édit du roi Asoka de Laurya-Mandangarh (vers 250 av. J.-C.).

De telles manifestations publiques de type politique et religieux existent pratiquement dans toutes les civilisations.

Ces premières affiches avaient pour but de transmettre un message à de nombreuses personnes à la fois, voire de les influencer. Mais ces affiches uniques, apposées à un seul endroit, n'atteignaient que les passants. L'affiche moderne, en revanche, diffusée à de très nombreux exemplaires, atteint l'individu jusque dans les villages les plus reculés, le sollicite aussi bien au milieu des agglomérations que sur les routes de campagne, et jusqu'au cœur des montagnes.

Les Grecs et Romains ont amélioré la forme, trop statique, de la communication publique. Les Grecs ont inventé les axones, panneaux d'affichage cinétiques placés dans les endroits propices et annonçant, grâce à un mécanisme rotatif, le programme des manifestations sportives.

Avec les Romains apparaissent les premiers noms de « peintres d'affiches » professionnels. Un artiste a fièrement signé une affiche : « Lucius a peint cela ». Un autre précise : « [...] ainsi a écrit Aemilius Celer, seul, au clair de lune. » Pline vante les talents de Callades, connu pour ses portraits d'acteurs. Quelque 1 600 avis, appels et informations ont été retrouvés à Pompéi. Ces informations placardées sur les murs étaient un puissant moyen de propagande aux mains des empereurs et des hommes politiques. Les jeux du cirque, les combats de gladiateurs, les courses de chars et les fêtes populaires étaient publiquement annoncés par voie d'affichage.

Des panneaux de bois recouverts de plâtre et placés aux points les plus animés de la ville constituaient une autre forme d'affichage, tout comme les *alba*, des palissades en bois peintes en blanc, découvertes aussi à Pompéi. Les commerçants et les négociants comprirent vite l'intérêt de l'« affiche » et firent peindre sur les murs, à l'entrée de leurs magasins, des illustrations vantant leur travail, leurs produits ou leurs services. Aux portes des nombreuses auberges, des enseignes et des écriteaux promettant un service soigné étaient suspendus. Ils comportaient souvent des images d'animaux et des inscriptions telles que « Au chameau », « À l'épée », etc.

Jetés à profusion sur les murs, avis placardés et peintures murales irritèrent bientôt les gens, comme l'atteste cette inscription : « Mur, je m'étonne que tu ne sois pas encore tombé en ruine à devoir supporter le triste gribouillage de tant de barbouilleurs. »

Les inscriptions officielles étaient en général gravées dans la pierre pour leur conférer une plus grande longévité et souligner leur caractère durable. Les « appels aux urnes » et avis peints sur les murs à grands coups de pinceau avec des couleurs vives s'appelaient des *dipinti*, ceux tracés dans le stuc des *graffiti*. Souvent, les murs étaient recouverts de messages personnels, vœux, souhaits, insultes, menaces, louanges, maximes, remerciements, conseils et avis aux étrangers, calculs, déclarations d'amour, etc.

L'invention de l'imprimerie par Johannes Gutenberg (1439-1444) a bouleversé la communication visuelle. Le papier, inventé en Chine par Ts'ai Lun en 105, apporté au VIIe siècle au Proche-Orient et devenu objet de commerce, a été importé en Espagne par les Arabes dès le VIIIe siècle et fabriqué dans ce pays à partir du Xe siècle. Il s'est dès lors propagé à travers toute l'Europe. Ce matériau, à la fois fin et résistant, suffisamment absorbant pour retenir la couleur, donnait à l'invention de Gutenberg d'intéressantes perspectives.

L'art typographique a, pour la première fois dans l'Histoire, permis de reproduire des textes à de multiples exemplaires, favorisant ainsi l'essor des idées et de la pensée dans le monde entier. L'invention de Gutenberg a inauguré l'ère de la communication visuelle. Et la typographie a posé les fondements du développement de l'affiche. Grâce aux caractères mobiles, il devint possible d'imprimer rapidement des textes complets en autant d'exemplaires souhaités. Bientôt, la gravure sur bois vint enrichir le texte écrit d'illustrations.

À peine quelques décennies après l'introduction de cette nouvelle forme d'impression, la première information placardée, révélant déjà certaines caractéristiques de l'affiche moderne, apparut en Angleterre (1477).

L'Église, les souverains, mais aussi des commerçants, des artisans et des éditeurs entreprenants comprirent très vite l'importance de la nouvelle technique et l'utilisèrent à leurs fins. Quantité de tracts furent produits, puis vendus, distribués ou affichés. L'Église et l'État eurent recours à ce moyen, moins dans un souci d'information objective que pour exercer une influencer sur le plus grand nombre. Les éditeurs s'en servirent pour annoncer leurs publications, les commerçants pour proposer leurs articles, les médecins pour attirer de nouveaux patients.

Au XVIe siècle, les gouvernements, les villes et les villages étaient les principaux commanditaires d'avis publics, en général typographiques. Les illustrations ou insignes officiels étaient peu utilisés. Au XVIIe siècle, de nombreux candidats au doctorat publiaient (surtout en France) des thèses dans un grand format, illustrées d'allégories, d'images et d'emblèmes. Sébastien Leclerc, Callot et d'autres grands artistes faisaient office d'illustrateurs.

Dès 1539, le roi François Ier réglementa l'affichage. En 1653, à Paris, il était interdit, sous peine de mort, de faire imprimer ou d'afficher des avis sans autorisation officielle. Cette réglementation visait surtout à mieux contrôler les nombreux avis attaquant l'État et l'Église.

Aux XVIe et XVIIe siècles, de nombreuses affiches illustrées firent leur apparition. Les affiches du XVIIIe siècle étaient souvent de jolies présentations de l'artiste et de ses œuvres. Les gouvernements encourageaient la conscription par des affiches représentant de fringants cavaliers et soldats (ce fut surtout le cas en France, de la fin du XVIIe siècle au début du XIXe siècle). Les programmes de théâtre, au XVIIIe siècle,

préfiguraient certains critères de conception formelle des XIXe et XXe siècles : choix des caractères, disposition, contrastes entre grands et petits groupes de mots.

La qualité artistique de ces affiches est toutefois très moyenne. La typographie est conventionnelle, les illustrations sont en général des représentations charmantes, mais maladroites, de scènes et d'événements de l'époque.

Dans la première moitié du XIXe siècle, des artistes européens et américains créèrent, pour des expositions, des agences de voyage et des manifestations sportives, des affiches dont la conception typographique sûre et le choix souvent audacieux des couleurs surprennent et stimulent encore aujourd'hui.

Au début du XIXe siècle, pour remédier à la pléthore d'affiches apposées sur les murs et les maisons, des colonnes d'affichage furent érigées. En 1855, en Allemagne, l'imprimeur berlinois Ernest Litfass obtint l'autorisation d'installer des colonnes d'affichage qu'il avait inventées et qui portent son nom.

L'invention de la lithographie, par Alois Senefelder, en 1796-1799, apporta aux artistes une technique de reproduction complètement nouvelle. Cette impression planographique permettait d'obtenir toutes les nuances du noir au blanc, des formats de toute dimension et des tirages pratiquement illimités. Et le coût de cette technique très perfectionnée était étonnamment peu élevé.

Les artistes séduits par ce nouveau procédé purent dès lors reproduire à volonté toutes les tonalités de gris et les nuances les plus subtiles de leur projet.

Les éditeurs ornèrent leurs ouvrages de lithographies d'artistes célèbres. En général, ils

chargeaient ensuite l'illustrateur de créer l'affiche destinée à promouvoir les ouvrages, souvent fort onéreux. Grâce à la technique de la lithographie, les artistes obtinrent une qualité exceptionnelle. Les affiches d'artistes comme Grandville, Raffet, Horace Vernet, Gavarni, Gauché, Daumier, etc., témoignaient de l'enthousiasme pour cette nouvelle technique et pour l'affiche comme moyen publicitaire. L'année 1827, avec l'invention de la chromolithographie, fut celle de l'avènement du monde de l'affiche.

L'unique affiche créée par Manet pour un ouvrage de Champfleury, *Les Chats* (1868), compte parmi les plus belles réalisations du XIXe siècle.

Quelques années plus tard, la conception d'affiches artistiques à caractère illustratif connut son âge d'or à Paris, grâce à des artistes comme Chéret, Toulouse-Lautrec ou Steinlen.

The early history of the poster

Poster-like notices for passing on messages to the public were already known in antiquity. They gave instructions, decrees and orders to subjects or citizens, and were put up in places where people congregated – in market squares, in front of temples, churches or town halls. The spoken or written word was passed on most quickly this way.

There are only a few remaining witnesses to such ancient visual communication. One of the earliest examples is the Hammurabi Code, a 225-cm-high diorite stone, on which King Hammurabi of Babylon (2067–2025 BC) received the laws of his kingdom from the Sun God. In India there is the famous Pillar Edict of King Asoka of Laurya-Mandangarh (c.250 BC). This type of public display of political and religious edicts is also found in other civilizations. Just like their modern counterparts, these predecessors of the poster also wanted to give a message to many people at the same time and to get its meaning across to them. Their efficacy was limited, however, for they were single examples – fixed in one place, and only reached those people who passed by – unlike the duplicated posters of our day, which follow us to the remotest villages. Nowadays we meet them not only where there are clusters of houses, but everywhere: on motorways, in meadows and fields – even in the mountains.

It was actually the Greeks and Romans who first expanded the earliest, static forms of communication. The Greeks invented kinetic notice boards, 'axones', which could be placed where required. On them could be read the programme of sports events, and they even rotated slowly by means of a mechanical drive!

The specific profession of 'poster painter' first appeared with the Romans. One Roman artist proudly signed 'Lucius painted this'. Another '... Aemilius Celer wrote this alone by moonlight'. About 1600 proclamations, announcements and information were found painted on the walls of the newly discovered ruins of the Roman town of Pompeii, destroyed by an earthquake in 79AD. These notices on walls had been an important instrument in the hands of emperors and politicians, who used them as a means of publicity for their political aims. Election proclamations and notices, painted on walls with wide brushes and in striking colours, were labelled 'dipinti' by the Italians, and the designs scratched into the surface were called 'graffiti'.

Not only political events, but also circus performances, gladiator fights, chariot races and national festivals were proclaimed in this way. Walls were just as frequently used for notices of a personal character: for greetings, wishes, insults, warnings, praise, apt sayings, opinions, advice and instructions for strangers, bills and even declarations of love. Notices and paintings on walls evidently got out of hand, however, as a worried citizen of those times expressed his displeasure about them in the following inscription: 'Wall, I am astonished that you have not fallen in ruins as you have to bear the sad pratings of so many daubers.'

Official inscriptions were mainly carved on stone to give them greater durability, as well as more lasting prominence and validity.

Wooden boards coated with plaster, erected in the busiest squares in towns, represented another form of bill-posting – as did the white-painted hoardings called 'alba', which were also found in Pompeii. Dealers and tradesmen knew the value of such placards. They had the walls of the entrances to their premises painted with representations of their work, products or services, while the innumerable inns hung signs and boards in front of their doors, promising good service. These signs were often decorated with pictures of animals with their corresponding names such as, 'The Camel', 'The Sword' and so on.

The art of printing, pioneered by Johannes Gutenberg (1439-44), fundamentally renewed the whole range of possibilities of visual communication. Paper, which was invented in China by Ts'ai Lun in 105 AD, was brought to the Near East as merchandise in the seventh century. It was introduced into Spain by the Arabs in the eighth century, produced there in the tenth century and then found its way all over Europe. This material, thin and yet resistant – absorbent enough to give the ink stability – was readily available by the time of Gutenberg's invention. For the first time in the history of mankind it was possible to reproduce any number of copies of the written word. The human intellect was given wings; ideas and thoughts could spread over the whole world.

Gutenberg's discovery was the beginning of a visual culture, and printing formed the decisive foundation for the development of the modern poster. Thanks to movable letters, whole texts could be printed in a short time and in unlimited numbers. Soon wood engravings enriched the printing, pictorial information adding to the textual.

A few decades after the introduction of the new art of printing, the first poster-like notices appeared in England (1477). The Church, the ruler, and also the enterprising dealer, artisan and publisher, quickly recognized the importance of the new technique and each used it for their own purposes. A large number of leaflets were printed and were sold, distributed or displayed. The Church and State availed themselves of this medium of information, which was not so much factual but more a means of powerful influence. Publishers used it to advertise their books, dealers their goods and doctors to solicit patients. In the sixteenth century, governments, towns and communities were the biggest users of public placards, which were, in the main, purely textual – illustrations or official insignia were only occasionally used. In the seventeenth century, especially in France, prospective doctors published their theses in large format, decorated with allegories, effigies and emblems. Well-known artists such as Lebrun, Sébastian Leclerc, Callot and others did the illustrations.

Already by 1539, Frances I of France found it necessary to issue an order controlling the putting up of posters. In 1653 it was forbidden, under threat of the death penalty, to print or display posters without official permission. The spread of the use of posters, and more especially their attacks on the State and the Church, could only be controlled in this way. In the sixteenth and seventeenth centuries, more and more posters with illustrations appeared, and by the eighteenth century pictorial posters were produced showing artistes and their turns in a manner that was often charming. Governments tried to persuade citizens to join the army by means of posters showing smart cavalrymen or soldiers, and illustrated posters for recruiting purposes appeared in France from the end of the seventeenth century. Eighteenth-century theatre bills, with their choice of lettering, arrangement and conscious contrast between larger and smaller groups of words, point the way toward nineteenth- and twentieth-century styles of presentation. The design of these early posters was rarely above average. The typography was conventional and the illustrations were seldom more than a charming, but somewhat clumsy, representation of scenes and events. In the first half of the nineteenth century, however, artists in Europe and America created placards for exhibitions, travel agencies and sports events, whose assured and often bold typography and colours still have a stimulating effect today.

At the beginning of the nineteenth century, a flood of posters inundated walls and buildings. This led to the erection of fixed poster-pillars. In Germany, Ernst Litfass, the Berlin printer, received official permission in 1855 to install the round pillars which he designed and which are still named after him. Alois Senefelder's discovery of lithography (1796–8), introduced artists to a hitherto unknown technique of reproduction. This flat printing process made it possible to have a scale of tones in all shades from black to white, formats as large as required, and a practically unlimited number of copies. The cost of this high-quality printing process was, moreover, astonishingly low. The artists who were enthusiastic about this new technique could finally achieve the same fine differentiations and grey tones in a reproduction that they had used in their original drawings. Publishers had their books decorated with lithographs by famous artists and then generally commissioned the same artist to design the poster publicizing the, often expensive, books. The artists used the same lithographic technique for both, and achieved a quality that was exceptional. Artists like Grandville, Raffet, Horace Vernet, Gavarni, Gauché, Daumier and others created works that reveal their enthusiasm for the new technique and for the medium of the poster.

When chromolithography (colour printing) arrived in 1827, the triumphant progress of lithography became unstoppable. The only poster created by Manet, for the book by Champfleury 'Les Chats' in 1868, is among the finest achievements in poster design of the nineteenth century.

A few years later, Paris experienced the absolute climax in the design of artistic illustrative posters – unequalled even today – thanks to such artists as Chéret, Toulouse-Lautrec, Steinlen and others.

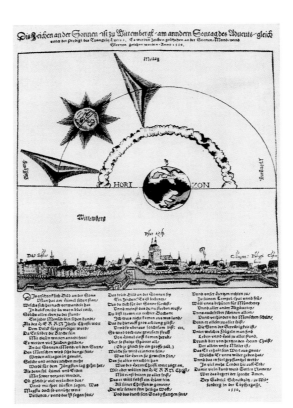

2
Anonym/Anonyme/Anonymous
Wahlpropaganda, auf die Mauer gemalt, sog. Dipinti
Publicité électorale, peinte sur le mur, appelée *dipinti*
Election campaign, painted on the wall, so-called
Dipinti
1. Jahrhundert nach Christi/Ier siècle apr. J.-C.
1st century after Christ, Pompeji/Pompéii

3
Anonym/Anonyme/Anonymous
Flugblatt. Holzschnitt, schwarz
Tracts. Gravure sur bois, noir
Leaflets. Woodcut, black
1556 Wittenberg

4
Anonym/Anonyme/Anonymous
Plakat für Seiltänzer. Holzschnitte, schwarz
Affiche pour des danseurs de corde. Gravure sur bois,
noir
Poster for tightrope-walkers. Woodcut, black
1758 Deutschland/Allemagne/Germany

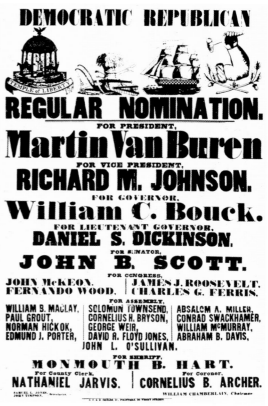

5
Anonym/Anonyme/Anonymous
Plakat zur Anwerbung von Soldaten
Buchdruck, schwarz
Affiche pour le recrutement de soldats
Typographie, noir
Recruiting poster. Letterpress printing, black
18. Jahrhundert, Frankreich/XVIIIᵉ siècle, France
18th century, France

6
Toshusai Sharaku
Blatt für einen Schauspieler. Holzschnitt
Feuillet pour un acteur. Gravure sur bois
Bill for an actor. Woodcut
1794 Edo
25 × 37,5 cm

7
Anonym/Anonyme/Anonymous
Wahlplakat. Buchdruck, schwarz
Affiche électorale. Typographie, noir
Election poster. Letterpress printing, black
1835 Washington D.C.
58,4 × 91,4 cm

8
Frederick Walker
Theaterplakat. Holzschnitt, schwarz, geschnitten von
W.H. Hooper
Affiche de théâtre. Gravure sur bois, noir, gravée par
W.H. Hooper
Theatre poster. Woodcut, black, cut by W.H. Hooper
1871 London/Londres
11,1 x 19 cm

9
Edouard Manet
Buchplakat. Lithografie, schwarz
Affiche de livre. Lithographie, noir
Book poster. Lithography, black
1869 Paris
44,5 x 55,5 cm

10
Anonym/Anonyme/Anonymous
Zirkusplakat. Lithografie
Affiche de cirque. Lithographie
Circus-poster. Lithography
1880 Berlin
92,5 x 189,5 cm

Das illustrative Plakat

Beginn der Plakatkunst in Frankreich: Vor Senefelders Erfindung der Lithografie verwendete man für das – fast ausschliesslich einfarbige – Bildplakat die Holzschnitt- oder Kupfertechnik. Auch für die frühen lithografischen Plakate benützte man kaum Farbe oder behandelte sie im Sinne einer naturalistischen Gegenstandsfarbe. Die Schrift fügte man der Illustration mehr oder weniger geschickt bei, integrierte sie jedoch nicht.

Jules Chéret, 1836–1932, leitete die entscheidende Wende im Plakatschaffen ein. Seine Arbeiten begründeten den Beginn des modernen Plakats. Besitzer einer Steindruckkerei, lithografierte er seine Entwürfe selbst – dank diesem Verfahren sehr lebendige, unmittelbare Entwürfe: Illustration und wenige leuchtende Farben in grossen, zusammenhängenden Formen. Chéret reduzierte die Anzahl der Menschen im Bild bis auf eine kleine Gruppe, von der eine Figur im Vordergrund dominiert. Oft liess er nur noch eine einzige Figur mit grossen, klaren Schriftbuchstaben im Bild. Fast auf allen Plakaten Chérets lachen uns jugendlich heitere Frauen, tänzerisch leicht und bewegt dargestellt, entgegen. Er lancierte als erster das Pin-up-girl unserer Zeit, werbewirksames Bildmotiv in der Plakatgestaltung.

In den fünfziger Jahren war Chéret in England und lernte dort die Technik der Reproduktion farbiger Vorlagen in grossen Auflagen. Gleichzeitig verbesserte er die Farblithografie. Mit nur vier oder fünf Farbsteinen erreichte er eine reiche und lebendige Wirkung. Seine Drucke waren zudem, im Vergleich zu den oft mit Dutzenden von Farben hergestellten Farbdrucken, billig. Er lernte in England auch das grosse Plakatformat kennen, das er später in Paris einführte.

Chérets revolutionäre Leistung aber bestand in der einfachen, kräftig umrissenen Zeichnung ohne unwichtige Details, im Beschränken auf ein Hauptmotiv, in der grossflächig verwendeten Farbe ohne Modellierung oder Schattierung und in der knappen Textzeile.

Die einfache und kraftvoll konturierte Zeichnung mit den flächigen Farbformen übernahmen Chéret und seine Zeitgenossen von den Japanern. Der japanische Farbholzschnitt, von wenigen Druckstöcken gedruckt, war bestechend einfach, seine Wirkung sehr reich. Diese Blätter kamen Mitte des letzten Jahrhunderts nach Europa. 1862 konnte man japanisches Kunstgewerbe in Paris erwerben. Von hier brachten englische Künstler den japanischen Farbholzschnitte in ihr Land. Manet, van Gogh, Gauguin, die Brüder Goncourt, Chéret und vor allem Toulouse-Lautrec kannten diese Farbholzschnitt und liessen sich davon inspirieren. Utamaro und Hokusai waren besonders beliebt und gesammelt. Lautrecs siegelartiges Monogramm wäre ohne Kenntnis der japanischen Kunst undenkbar. Der japanische Holzschnitt regte die Plakatkünstler auch zur Darstellung pikanter und extravaganter Erotik an. Das wiederum regte dann die Werber dazu an, Produkte, kombiniert mit Sex, zu verkaufen.

Chéret machte einen interessanten Versuch mit dem Plakat für die Folies Bergères «La Loie Fuller». Er druckte es in vier Farbvarianten. Illustration und Text blieben gleich. So erlebte der Betrachter an den Plakatwänden das wechselnde Farbspiel desselben Themas. Edmont de Goncourt nannte Chéret den «Schöpfer einer Galerie der Strasse». Chéret malte mehr als 1200 Plakate. Sie waren gefragt, wurden gesammelt und gehandelt. In ihnen drückten sich der Geist des «Fin de siècle» und seine Thematik besonders anschaulich aus.

Toulouse-Lautrec, der genialste Gestalter, machte das Plakat zum Kunstwerk. In seinen Schöpfungen waren die wesentlichen Elemente des modernen Plakats bereits und wirksam vorhanden: klare, schlichte Zeichnung, suggestive Ausdruckskraft der Linien, grosszügige geschlossene Farbflächen, eigenwillige, ungewohnte Bildzusammensetzung, Degas nachgeartete Kühnheit des Motivanschnitts und in die Gesamtkomposition integrierte Schrift. Lautrec analysierte die Situation, charakterisierte die Menschen und enthüllte ihr Wesen. Chéret dagegen zeigte das naive, problemlose, immer lächelnde Gesicht, appetitlich und reizvoll, junge Frauen von bezaubernder Frische.

Eugène Grasset, gebürtiger Schweizer, war Schüler Viollet-le-Ducs. Mit der Art-Nouveau-Bewegung versuchte er die Kunst total zu reformieren, blieb aber, im Gegensatz zu Art-Nouveau, doch vorwiegend auf den Historismus festgelegt und benützte dessen Stilelemente. Oft vermischte er sie, beeindruckt von der ostasiatischen Kunst, mit japanischen Formen. Im Plakat für eine Schreibtinte, «Encre L. Marquet», äussert sich seine Verwandtschaft mit den Präraffaeliten, in einem Festspielakt erinnert die Zeichnung an mittelalterlichen Gobelin. Grasset, vielseitig, passte sich den jeweiligen Aufgaben gewandt an. Dem zeichnerischen Stil Grassets ähnlich sind die Plakate Marc-August-Bastards und Carloz

Schwabes. Henri Gabriel Ibels hatte manches mit Toulouse-Lautrec gemeinsam, thematisch und stilistisch. Auch Ibels wollte mit der angedeuteten Form die Aussage intensivieren. Eine stärkere Künstlerpersönlichkeit war Lucien Métivet, der für die Strassensängerin Eugénie Buffet zwei vorzügliche Plakate entwarf. Manuel Robbe, Herman Paul, Louis Anquetin, Adolphe Willette und Maurice Réalier-Dumas waren weitere begabte Künstler, die ihren eigenen Plakatstil fanden und die Pariser Szene der neunziger Jahre bereicherten. Théophile Alexandre Steinlen, Schweizer wie Grasset und Schwabe, unterschied sich durch seine sozialkritische Tendenz, die sich besonders dramatisiert im Plakat für die Zeitschrift «Le Petit Sou» ausdrückte, von den andern. Eine grossartige monumentale Wirkung erzielte er mit dem Plakat für eine Tournée des Kabaretts «Chat Noir». Dieses Plakat zählt zu den eindrucksvollsten der Plakatgeschichte überhaupt.

Mit Alfons Maria Mucha, dem gebürtigen Tschechen, erlebte die Pariser Art-Nouveau einen Höhepunkt besonderer Prägung. In seinen berühmten Plakaten der Künstlerin Sarah Bernhardt verlängerte er die Figur künstlich und umkleidete sie mit kostbaren Gewändern von kultischer Pracht. Gewänder und Hintergrund sind mit Ornamenten prunkvoller Dekadenz geschmückt. Die blassen Farben, die kulthafte und pseudoreligiöse Pose des weiblichen Schönheitsideals, die rein dekorative, etwas inhaltslose Form entsprachen den Intentionen Sarah Bernhardts. Die Plakate dieser Künstler förderten die Entwicklung der Plakatkunst anderer Länder entscheidend. In Paris übernahm nach 1900

Cappiello die Nachfolge Chérets und Toulouse-Lautrecs.

In England setzten sich die beiden Freunde John Hassal und Dudley Hardy mit ihren Plakaten durch. Hassal, als «Plakatkönig» berühmt, war ein mittelmässiger Künstler, aber ein guter Techniker. Hardy errang den ersten grossen Erfolg mit seinem Plakat «Yellow Girl» für die Monatsschrift «Today», das stark an Chéret anklingt. Ein wirkungsvolles zweifarbiges Plakat für die Zeitschrift «Pall Mall Budget» stammt von Maurice Greiffenhagen. Farblich und formal sensibel sind die Arbeiten von Mosnar Yendis (Sidney Ransom), Walter Crane und Phil May. Hervorragende Leistungen, deren gestalterische und farbliche Sicherheit auch heute noch faszinieren, gelangen den beiden Künstlern William Nicholson und James Pryde, die sich hinter dem Künstlernamen Beggarstaff Brothers verbargen. Klare Linienführung mit sparsamsten Mitteln, flächenhafte Farbform, gut komponierte Schrift und alle Elemente in einer sicher bewältigten Raumkonzeption sind kennzeichnend für ihre Werke.

Den Präraffaeliten nahestehend und unter dem Einfluss der japanischen Holzschnittkunst zeichnete Aubrey Vincent Beardsley mit sicherer Hand spannungsvoll komponierte Plakate. Und von Frederick Walker kennen wir das schwarz-weisse Plakat «Woman in White» mit der plakativen Flächenwirkung. Amerika hatte in Will Bradley Ende des letzten Jahrhunderts das stärkste Talent mit einem reichen, kraftvollen Formenrepertoire. Bereits sein erstes Plakat für «When Hearts Are Trumps» von Tom Hall, 1890, eine sehr sichere Zeichnung mit flächiger Farbanlage

und klarer Schriftlösung, strahlte eine interessante, packende Wirkung aus. Auch seine andern Plakate fallen – ausnahmslos – durch aussergewöhnlich reiche ornamentale Phantasie, äusserst sensibel angewendete kleine Strukturen und geschlossene Formen auf. Mit Bradley waren in den neunziger Jahren Edward Penfield, der «Altmeister der amerikanischen Plakatkunst», Louis Rhead, Maxfield Parrish, Ethel Reed und G. F. Scotson-Clark in der ersten Reihe der stil-und qualitätsbestimmenden Plakatgestalter. O. Gianninis Blatt für die «Turner Brass Works» verblüfft durch seine kühne, die konstruktive Entwicklung vorwegnehmende Komposition.

Übrige Länder Europas:
In Deutschland beherrschten zur Zeit, als in Paris die Plakate Chérets und Toulouse-Lautrecs schon begeisterte Sammler fanden, noch meist überladene, mit erstarrten künstlerischen Konventionen befrachtete Plakate die Wände. Das Vorbild der französischen Meister wirkte befreiend. Mit der Gründung avantgardistischer Zeitschriften wie «Pan» (1895, Berlin), «Jugend» (1896, München), (von ihr leitete man in Deutschland den Namen «Jugendstil» ab), «Simplizissimus» (1896, München), «Ver Sacrum» (Wien, 1898), «Die Insel» (1899, Leipzig) und später der «Sturm» (1910, Berlin) begann die Verbreitung der neuen Idee wie des neuen Stils. Diese Zeitschriften stimulierten Künstler wie Josef Sattler, Fritz Tanneberg, Thomas Theodor Heine, Oskar Kokoschka, Emil Rudolf Weiss, Koloman Moser, Julius Klinger, Ernst Deutsch, Erwin Puchinger, Alfred Roller und andere. Zentren deutscher Plakattätigkeit waren Berlin

und München, Wien war der Mittelpunkt der österreichischen.

Sie alle bemühten sich, die Fläche durch vereinfachte und reduzierte illustrative wie farbliche Mittel zu gliedern, um so der Linie und Farbe stärksten Ausdruck zu verleihen.

Die 1897 gegründete Künstlergemeinschaft «Secession» in Wien warf alte Maßstäbe über Bord und leitete «eine neue Geburt des künstlerischen Schaffens» ein. Die Zeitschrift «Ver Sacrum» verkündete die neuen Ziele, deren geistiger Vater Henry van de Velde, 1863–1957, war. Die Kunst musste einen gesellschaftlichen Zweck haben, die Lebensweise des ganzen Volkes beeinflussen. Die gleiche Bedeutung, die man den freien Künsten zumass, sollte dem Handwerk und Kunstgewerbe zukommen. Dieses Manifest veränderte das Bild der Plakate schlagartig. Josef Hoffmann, Joseph Maria Olbrich, Koloman Moser, Alfred Roller, Egon Schiele, Gustav Klimt, Oskar Kokoschka übernahmen Plakataufgaben und formten den österreichischen Stil: strenge Ornamentik, Flächigkeit, bestimmte Farbgebung mit einem Minimum an Farben.

In Belgien und den Niederlanden belebte sich das Kunsthandwerk ebenfalls. Der Belgier Privat-Livemont, Mucha vergleichbar, war der führende Künstler, allerdings kühner in der Bilderfindung und farbkräftiger als Mucha. Henri Meunier verwendete die Stilmittel strenger und knapper. Weitere erfolgreiche Gestalter: Fernand Toussant, Victor Mignot, die Lütticher Bermana, Rassenfosse, Donnay. van de Velde schuf mit seinem Plakat für das Nahrungsmittel «Tropon» eins der bemerkenswertesten Beispiele des Jugendstils. Auch in Holland waren einige tüchtige Plakat-

Meister an der Arbeit. Ende des letzten Jahrhunderts J. G. Caspel, Willi Sluiter und Jan Thorn Prikker. Sie vertraten eine eigene typische Form der «Art Nouveau»: die ornamentale, flächige, schattenlose und konturierte Zeichnung.

Neben John de Vaszary und M. Wottotz machte sich in Ungarn vor allem Arpad Basch durch seine virtuose Zeichenkunst einen Namen. In Italien gab es Ende des 19. Jahrhunderts nur wenige begabte Illustratoren, die für Verleger, Theater und Kaufhäuser Plakate entwarfen. Zu ihnen gehören in erster Linie Adolfo Hohenstein, Leopoldo Metlicovitz, F. Laskoff und Giovanni Mataloni. In Spanien gab die Schule von Barcelona mit ihren Plakatkünstlern Alejandro de Riquer und Ramon Casas den Ton an. De Riquer war Grasset und Mucha nahe, Ramon Casas Toulouse-Lautrec. Aber weder die italienischen noch die spanischen Gestalter erreichten die künstlerische Vollendung ihrer Vorbilder.

Europa nach der Jahrhundertwende: Die bahnbrechenden Kreationen französischer Künstler der «belle époque», 1890–1900, wirkten über die Landesgrenzen hinaus. Maler, Illustratoren, Bühnenbildner, Schriftkünstler und Architekten wandten sich der Plakatgestaltung zu. In Deutschland entwickelten Architekten von Rang wegweisende Formulierungen, vor allem Peter Behrens und Ludwig Hohlwein. Edmund Edel, Julius Gipkens, Emil Orlik, Lucian Bernhard, Hans Rudi Erdt, Paul Scheurich, Jo Steiner, Ernst Deutsch, Emil Preetorius, die Schriftkünstler Fritz Hellmuth Ehmcke, Emil Rudolf Weiss und O. H. Hadank, Franz von Stuck und an-

dere drückten dem Plakat ihre unverwechselbare Note auf. Aber ihre Eigenart entsprach bereits den bildnerischen Gesetzen des Plakats und dem jeweiligen Auftrag. Die ornamentalen Elemente verschwanden zusehends. Farbe und Zeichnung ordneten sich bewusster und realistischer der Aufgabenstellung unter.

Auf den Erfahrungen dieser Vorgänger bauten im wesentlichen die spätern illustrativen Plakatgestalter zwischen den beiden Weltkriegen auf.

In der Schweiz trug zu Beginn des 20. Jahrhunderts eine ganze Anzahl bedeutender Künstler zur Entwicklung der schweizerischen Plakatkunst massgebend bei. Zu ihnen zählen die Maler Ferdinand Hodler, Emile Cardinaux, Wilhelm Friedrich Burger, Burkhard Mangold, Augusto Giacometti, Robert Hardmeier und Otto Baumberger. Ihre Plakate zeichnen sich durch sparsam eingesetzte zeichnerische Mittel, effektvolle Flächenordnung und meisterhaft kalkulierte Farbgebung aus.

Hardmeier legt mit seinem Plakat für eine Waschanstalt ein frühes Modell der vermenschlichten Tierfigur vor. Er machte damit Schule. Mangolds kühn und verblüffend sicher gewählter Bildausschnitt gemahnt an Degas. Und Baumberger ist der geniale, unübertroffene Meister der grossen, oft monumentalen Bildsprache mit minimalen illustrativen und farblichen Mitteln.

In den zwanziger Jahren entstand mit Ernst Keller ein neues illustratives Stilvorbild. Keller stilisierte die Formen bis zum äussersten Intensitätsgrad und gestaltete im selben Prozess Schrift und Farbe gleich ausdrucksstark mit.

Stöcklin, Birkhäuser, Bühler, Brun und Leupin

prägten den illustrativen Basler Realismus. Gauchet, Erni, Falk Steiner, Carigiet, Monnerat, Piatti, Hofmann und Leupin pflegen eine spezifische Handschrift. Erni als Meister der Illustration und der Techniken, Falk als sublimer Illustrator mit malerischen Mitteln, Leupin mit geistreichem Witz und liebenswürdigem Humor.

England hatte in Alexeieff und McKnight Kauffer phantasievolle, begabte, vom französischen Kubismus und der Collagetechnik angespornte Gestalter. Die Plakate McKnight Kauffers reihen sich in die zeitlos gültigen Meisterwerke der Plakatkunst ein. Lewitt-Him, Games, Schleger, Havinden und andere erarbeiteten neue wirkungsvolle Lösungen. Aus ihrer Schule stammt eine Reihe tüchtiger Grafiker, die das Niveau des gegenwärtigen englischen Plakats bestimmen.

In Frankreich war's nach der «Belle Epoque» relativ ruhig. Leonetto Cappiello, gebürtiger Italiener, liess sich als Franzose naturalisieren und galt zu Beginn des Jahrhunderts als Star unter den Plakatschaffenden. Charles Loupot, Jean Carlu, Paul Colin, Jean Picard le Doux, Nathan, Villemot profilierten das französische Plakat in den zwanziger und dreissiger Jahren.

Unerreicht blieb A. M. Cassandres Leistung. Seine Plakate für Zeitungen, Eisenbahnen, Schiffahrtslinien, Getränke, Warenhäuser usw. sind Belege seines Ideenreichtums, Esprit und Humors, kombiniert mit ungewöhnlichem Form- und Farbgefühl, dem Blick für das Wesentliche und der Fähigkeit signethaft und allgemeinverständlich zu vereinfachen. Cassandre vereinigte Kraft mit Eleganz, Festigkeit mit Transparenz, statische Ruhe mit dynamischer Lebendigkeit.

Die Nachkriegszeit brachte neue Kräfte ins Spiel, die auf vielen Ebenen laborieren. Zeitbedingte Strömungen sind die Pop- und Op-art, der romantische Expressionismus, die surrealistische Montagetechnik, die psychedelische Welle usw. Zeitlos schöne Kunstwerke – meist für eigene Ausstellungen – kreierten Léger, Braque, Picasso, Miró, Arp, Marini und andere.

In Italien verhalfen Dudovich, Sepo und andere der illustrativen Plakatgestaltung zu einem beachtlichen Stand. Der Futurismus mit seinen Manifestationen veränderte den weitgehend wirtschaftlich orientierten Plakatstil kaum. Jüngere Kräfte wie Giovanni Pintori und Franco Grignani vermittelten neue Impulse.

Dänische Meister sind Sikker Hansen, Arne Ungermann, Rasmussen und Möller.

Die übrigen skandinavischen Länder, besonders Finnland, überraschten in den letzten Jahren mit Plakatleistungen, die internationale Anerkennung fanden.

In Amerika beherrschen Paul Rand, Erik Nitsche, Paul R. Smith & Kenneth D. Haak, A. F. Arnold, Lester Beall, Robert Gage, George Giusti, Gyorgy Kepes, Matthew Leibowitz, Bradbury Thompson, Walter H. Allner, Will Burtin und andere die Plakatwand. Paul Rands Plakate bestechen mit ihrer lapidaren, auf grosse Wirkung bedachten Form- und Farbgestaltung, die auf unnötige Details verzichtet und das Thema oft mit feinem Humor belebt. Erik Nitsche entwarf eine Serie interessanter Plakate für atomphysikalische Themen der General Dynamics. Robert Gage realisierte eine unkonventionelle, suggestive Form der

Plakatwerbung für das Modehaus Ohrbach's. Eine neue Richtung wiesen jüngere Gestalter, die sich in der Pop-art ansiedelten.

In den östlichen Ländern, Polen, Tschechoslowakei, Ungarn und Russland, entwickelten verschiedene Künstler das illustrative Plakat bis zur Gegenwart auf breiter Basis weiter. Einprägsame, eigenwillige und in ihrer Form neuartige Plakate sind besonders aus Polen bekannt. Hier hatte sich eine alte Tradition weitervererbt und lebt, von jungen Talenten aufgenommen, vielfältig weiter.

In jüngster Zeit überraschte Kuba mit zahlreichen originellen, experimentierfreudigen und farbintensiven Plakaten. Das Plakatwesen dort offenbarte in den letzten Jahren erstaunliche Begabungen.

Mit der Erfindung der Fotografie im letzten Jahrhundert setzte sich, mit grosser Verspätung, auch dieses künstlerische Gestaltungsmittel durch. Erst nach 80 Jahren erschien das erste Foto im Plakat.

In Russland und Deutschland entstanden während der zwanziger Jahre die ersten und bereits hervorragenden Fotoplakate. El Lissitzky, Kluziss, Dolgorukow, Moholy-Nagy, Heartfield, Tschichold, dann in Holland Zwart und Schuitema gestalteten Plakate primär mit fotografischen Elementen. Dazu gesellten sich in den dreissiger Jahren Matter, Herdeg und Neuburg (alle Schweiz) mit heute noch gültigen Lösungen.

Seither eroberte das fotografisch illustrierte Plakat mit seinen fast unbegrenzten Anwendungsmöglichkeiten alle Kontinente.

L'affiche illustrative

Les débuts de l'affiche en France :
Avant que Senefelder n'invente la lithographie, la technique de la gravure sur bois ou sur cuivre était utilisée pour l'affiche illustrée, généralement réalisée en une seule couleur. Les premières affiches lithographiques étaient peu colorées, l'emploi de la couleur servant surtout à l'interprétation naturaliste de l'objet. Le texte était plus ou moins habilement ajouté à l'illustration, mais jamais intégré.
Les travaux de Jules Chéret (1836-1932) ont marqué un tournant décisif et ouvert la voie à l'affiche moderne. Propriétaire d'un atelier lithographique et lithographiant lui-même ses projets, Chéret réalisa des œuvres étonnamment vivantes et spontanées, aux couleurs lumineuses et aux formes généreuses, judicieusement étudiées. Chéret réduisit le nombre de personnages dans l'image à un petit groupe. Un personnage prédominait au premier plan ou figurait seul dans l'image, avec des inscriptions en grands caractères bien formés. Sur presque toutes les affiches de Chéret apparaissent des jeunes femmes souriantes, légères et gracieuses. Chéret fut le père de la « pin up » moderne en tant que motif publicitaire type de l'affiche.
Dans les années 1950, Chéret se rendit en Angleterre et y apprit la technique de reproduction en couleurs à grand tirage. Il perfectionna, par ailleurs, la chromolithographie. Avec seulement quatre ou cinq couleurs, il réalisa des affiches d'une étonnante variété et d'une grande fraîcheur. Ses réalisations étaient en outre bon marché, comparées aux reproductions d'alors, souvent composés de dizaines de couleurs. En Angleterre, il se familiarisa aussi avec l'affiche de grand format, qu'il allait introduire plus tard à Paris.

L'apport révolutionnaire de Chéret résidait toutefois dans la simplicité du dessin, aux traits vigoureux et sobres, dans la concentration sur le motif principal, dans la couleur appliquée largement, sans modulations chromatiques ni effets d'ombres, dans la concision du texte. Chéret et ses contemporains empruntèrent aux Japonais la simplicité du dessin aux contours nets et la disposition généreuse des formes et des couleurs. L'estampe japonaise en couleurs, réalisée au moyen de quelques passages seulement, était d'une étonnante sobriété et d'un effet éblouissant. Les premières feuilles arrivèrent en Europe vers le milieu du XIXᵉ siècle.
Dès 1862, on trouvait à Paris des produits de l'artisanat japonais, et des artistes anglais en rapportèrent dans leur pays. Manet, Van Gogh, Gauguin, les frères Goncourt, Chéret et surtout Toulouse-Lautrec se sont inspirés des estampes japonaises. Des collectionneurs se passionnèrent pour les œuvres des graveurs Utamaro et Hokusai.
L'estampe japonaise a également incité les affichistes à créer des œuvres érotiques piquantes, voire extravagantes. Et les publicitaires s'en inspirèrent pour rendre ainsi les produits plus attirants.
L'affiche réalisée par Chéret pour les Folies-Bergère, *La Loie Fuller*, était très novatrice. Il l'a tirée en quatre couleurs différentes, sans modifier l'illustration ni le texte. Les murs d'affichage présentaient ainsi des variantes colorées du même thème.
Edmond de Goncourt a dit de Chéret qu'il était « l'inventeur de la galerie de la rue ». Chéret a conçu plus de 1 200 affiches. Très recherchées par les collectionneurs, elles expriment de

manière éloquente l'esprit « fin de siècle » et les sujets chers à l'artiste.
Génial entre tous, Toulouse-Lautrec a élevé l'affiche au rang d'œuvre d'art. On trouve déjà dans ses créations tous les éléments essentiels de l'affiche moderne : dessin vigoureux et sobre, expressivité des lignes, disposition généreuse des surfaces de couleurs, composition originale, voire excentrique, audace dans la manière d'aborder le motif rappelant Degas, et intégration du texte à la composition d'ensemble. Toulouse-Lautrec analysait la situation, campait chaque personnage et révélait leur vraie nature. Chéret, en revanche, dessinait le visage naïf, lisse, toujours souriant, de jeunes femmes charmantes à la séduisante fraîcheur.
Eugène Grasset, d'origine suisse, avait été l'élève de Viollet-le-Duc. Avec l'Art nouveau, il a tenté de réformer totalement l'art, mais, à l'inverse de l'Art nouveau, il est resté attché à l'« historisme » dont il emprunta les éléments stylistiques. Influencé par l'art d'Extrême-Orient, il y mêlait souvent des formes japonaises. Son affiche *Encre L. Marquet* révèle une parenté avec les préraphaélites ; une affiche de fête rappelle, par son dessin, les Gobelins du Moyen ge. Artiste aux talents multiples, Grasset savait parfaitement s'adapter aux exigences de l'époque.
Les affiches de Marc-Auguste Bastard et de Carlos Schwabe s'apparentent au style graphique de Grasset. Henri Gabriel Ibels avait plus d'un trait commun avec Toulouse-Lautrec, à la fois par les sujets et le style. L'expression formelle lui servait à renforcer le message. Lucien Métivet, artiste à la forte personnalité, créa deux affiches d'excellente facture pour la chanteuse de boulevard Eugénie Buffet. Manuel Robbe, Herman Paul, Louis Anquetin, Adolphe

Willette et Maurice Réalier Dumas étaient eux aussi des artistes doués qui, grâce à leur style personnel, enrichirent l'affiche parisienne des années 1890.

Théophile Alexandre Steinlein, d'origine suisse comme Grasset et Schwabe, se distingua par son goût pour la critique sociale, exprimé de manière particulièrement spectaculaire dans l'affiche pour la revue *Le Petit Sou*. L'affiche qu'il réalisa pour une tournée du cabaret « Le Chat noir » eut un retentissement considérable. Elle reste l'une des plus marquantes de l'histoire de l'affiche.

Avec Alfons Maria Mucha, d'origine tchèque, l'Art nouveau parisien connut ses heures de gloire. Dans ses célèbres affiches pour Sarah Bernhardt, il allongea artificiellement la silhouette de l'actrice et l'enveloppa de précieux et somptueux vêtements cérémoniels, riches en ornements pompeusement décadents, dont il surchargea aussi l'arrière-plan. Les couleurs fades, la pose empruntée et pseudoreligieuse de cet idéal de beauté féminine, presque comme une forme sans contenu, répondaient aux vœux de Sarah Bernhardt.

Les affiches de tous ces artistes ont donné un élan décisif à l'art de l'affiche dans de nombreux pays. À Paris, Cappiello succéda à Chéret et à Toulouse-Lautrec après 1900.

En Angleterre, John Hassal et Dudley Hardy, qui étaient amis, se sont imposés. Hassal, « roi de l'affiche », était un artiste médiocre, mais un maître incontesté sur le plan technique. Son premier grand succès, l'affiche *Yellow Girl*, réalisée pour le revue mensuelle *Today*, rappelle beaucoup Chéret. Maurice Greiffenhagen conçut une affiche en deux couleurs très efficace pour la revue *Pall Mall Budget*. Les affiches de Mosnar Yendis (Sidney Ransom), Walter Crane et Phil May font preuve d'un grand sens des couleurs et des formes. Sous le pseudonyme « Beggarstaff Brothers », William Nicholson et James Pryde créèrent des affiches dont la facture et les couleurs magistrales fascinent aujourd'hui encore. Des lignes au tracé vif mais sobre, un espace généreusement rythmé par les formes et les couleurs, un texte bien composé et l'intégration de tous les éléments dans une conception d'ensemble judicieusement orchestrée caractérisent leurs œuvres. S'inspirant des préraphaélites et influencé par la gravure sur bois japonaise, Aubrey Vincent Beardsley composa d'une main sûre des affiches très expressives. Avec l'affiche *Woman in White*, Frederick Walker réalisa des surfaces soigneusement agencées dans les tonalités allant du noir au blanc.

À la fin du XIXᵉ siècle, les États-Unis ont produit l'artiste le plus puissant, disposant d'un répertoire exceptionnel d'expressions formelles : Will Bradley. Sa première affiche, pour *When Hearts are Trumps* (1890), de Tom Hall, se distinguait déjà par un dessin vif, des couleurs généreusement distribuées sur de grandes surfaces et un texte clair. Ses autres affiches frappent toutes par leur profusion ornementale, leur sensibilité exceptionnelle dans l'application de petites structures et leurs formes bien ciselées. Nombre d'autres affichistes de premier ordre ont marqué les années 1890 aux États-Unis : Edward Penfield, « maître incontesté de l'art de l'affiche américaine », Louis Rhead, Maxfield Parrish, Ethel Reed et G. F. Scotson-Clark. L'affiche d'O. Giannini pour la Turner Brass Works éblouit par sa composition audacieuse, anticipant sur le constructivisme.

Autres pays d'Europe :

Au moment où, à Paris, les affiches de Chéret et de Toulouse-Lautrec trouvaient déjà des collectionneurs passionnés, en Allemagne, on continuait à recouvrir les murs d'affiches en général surchargées d'éléments conventionnels et figés. L'exemple des maîtres français eut un effet libérateur.

Bientôt, les revues avant-gardistes *Pan* (1895, Berlin), *Jugend* (1896, Munich), dont provient l'expression « Jugendstil », *Simplizissimus* (1896, Munich), *Ver Sacrum* (1898, Vienne), *Die Insel* (1899, Leipzig) et *Sturm* (1910, Berlin) se firent les propagandistes de la nouvelle conception et du nouveau style. Elles stimulèrent des artistes comme Josef Sattler, Fritz Tanneberg, Thomas Theodor Heine, Oskar Kokoschka, Emil Rudolf Weiss, Koloman Moser, Julius Kliner, Ernst Deutsch, Erwin Puchinger ou Alfred Roller. Les principaux centres d'activité artistique étaient alors Berlin, Munich et Vienne. Les affichistes s'efforçaient de structurer l'espace par des moyens illustratifs ou chromatiques simplifiés, appliqués avec sobriété, dans le dessein de renforcer l'expressivité des lignes et couleurs.

La Sécession, mouvement fondé à Vienne en 1897, donna lieu à « un regain de la création artistique ». La revue *Ver Sacrum* en publia les nouveaux objectifs, avec Van de Velde comme père spirituel : l'art devait avoir une visée sociale, modifier le mode de vie de la population tout entière ; la création manuelle et artisanale était appelée à jouer un rôle identique à celui de la création artistique.

Ce manifeste provoqua un changement radical. Josef Hoffmann, Josef Maria Olbrich, Koloman Moser, Alfred Roller, Egon Schiele, Gustav

Klimt, Oskar Kokoschka donnèrent forme au style « autrichien » : caractère ornemental rigoureux, surfaces généreusement structurées, compositions bien agencées, petit nombre de couleurs.

En Belgique et aux Pays-Bas, l'artisanat connut également un regain d'activité. Le Belge Privat-Livemont devint le maître incontesté de ces nouvelles tendances ; proches de celles de Mucha, ses images et ses couleurs sont toutefois plus audacieuses et plus vives. Le style d'Henri Meunier était encore plus rigoureux et plus concis. Fernand Toussant, Victor Mignot, les Liégeois Bermana, Rassenfosse et Donnay connurent aussi un grand succès. L'affiche réalisée par Henry Van de Velde (1863-1957) pour le produit alimentaire « Tropon » est l'une des réalisations les plus sublimes du Jugendstil. Aux Pays-Bas, quelques remarquables maîtres de l'affiche étaient à l'œuvre : J. G. Caspel, Willi Sluiter, Jan Thorn Prikker. Ils représentaient une forme typique de l'Art nouveau, le dessin ornemental aux lignes vives et aux grandes surfaces sans ombres.

À côté de John Vaszary et de M. Wottotz, c'est surtout Arpad Basch, dessinateur d'une grande virtuosité, qui représente l'affiche en Hongrie. En Italie, à la fin du XIXᵉ siècle, plusieurs illustrateurs de talent comme Adolfo Hohenstein, Leopoldo Metlicovitz, F. Laskoff et Giovanni Mataloni ont créé des affiches pour des maisons d'édition, des théâtres et des grands magasins. En Espagne, l'école de Barcelone donna le ton avec des affichistes comme Alejandro de Riquier et Ramon Casas. De Riquer était très proche de Grasset et de Mucha, Ramon Casas s'inspirait plutôt de Toulouse-Lautrec. Mais ni les créateurs italiens, ni les affichistes espagnols ne parvinrent à la perfection des grands maîtres de l'affiche.

L'Europe au seuil du XXᵉ siècle :
Les créations des pionniers français de la Belle Époque (1890–1900) eurent un retentissement international. Peintres, illustrateurs, scénographes, imprimeurs et architectes s'attelèrent à la conception d'affiches. En Allemagne, des architectes de renom, tels Peter Behrens et Ludwig Hohlwein, se firent les porte-parole des nouvelles tendances. Edmund Edel, Julius Gipkens, Emil Orlik, Lucian Bernhard, Hans Rudi Erdt, Paul Scheurich, Jo Steiner, Ernst Deutsch, Emil Preetorius, ainsi que des typographes comme Fritz Hellmuth Ehmcke, Emil Rudolf Weiss, O. H. Hadank, Franz von Stuck et marquèrent de leur sceau le monde de l'affiche, tout en se conformant aux lois picturales le régissant et aux exigences des clients. L'ornementation disparut progressivement. La couleur et le dessin dépendaient de façon plus étroite et plus réaliste au sujet posé. Les expériences de tous ces créateurs progressistes ont largement profité aux affichistes de l'entre-deux-guerres.

En Suisse, des artistes importants ont apporté leur contribution au développement de l'affiche au début du XXᵉ siècle, tels Ferdinand Hodler, Émile Cardinaux, Wilhelm Friedrich Burger, Burkhard Mangold, Augusto Giacometti, Robert Hardmeier et Otto Baumberger. Leurs affiches se caractérisent par la sobriété des moyens picturaux, la disposition judicieuse des surfaces et l'orchestration magistrale des couleurs. Dans une affiche réalisée pour une blanchisserie, Hardmeier dessina l'une des premières figures animales aux traits humains. Son exemple fit école. Les dessins très soignés et minutieux de Mangold rappellent Degas. Quant à Baumberger, il est le maître génial et incontesté du langage pictographique de grand format, utilisant un minimum de moyens illustratifs et chromatiques. Dans les années 1920, un nouveau style illustratif fit son apparition avec Ernst Keller. Il stylisa les formes à l'extrême, conférant une même expressivité au texte et à la couleur. Stöcklin, Birkhäuser, Bühler, Brun et Leupin forgèrent le réalisme illustratif de l'école bâloise. Gauchat, Falk, Erni, Steiner, Carigiet, Monnerat, Piatti, Hoffmann et Leupin créèrent un style très spécifique : Erni était le maître de l'illustration et des techniques, Falk un illustrateur sublime utilisant des moyens picturaux, et Leupin faisait preuve d'esprit et d'un humour délicieux.

Avec Alexeieff et McKnight Kauffer, l'Angleterre disposait de créateurs doués et imaginatifs, influencés par le cubisme français et la technique du collage. Les œuvres de McKnight Kauffer sont des chefs-d'œuvre de l'affiche. Lewitt-Him, Games, Schleger et Havinden proposèrent des solutions nouvelles fort attrayantes. Beaucoup de graphistes, dont le talent fut déterminant pour parvenir à la qualité de l'affiche anglaise actuelle, ont été formés à leur école.

Après la Belle Époque, la France connut une période relativement calme. Leonetto Cappiello, artiste italien naturalisé français, était considéré au début du siècle comme le grand maître de l'affiche. Charles Loupot, Jean Carlu, Paul Colin, Jean Picard le Doux, Nathan, Villemot ont donné un nouveau relief à l'affiche française des années 1920 et 1930.

A. M. Cassandre créa des affiches de qualité exceptionnelle pour divers journaux, compagnies ferroviaires et maritimes, fabricants de boissons, grands magasins, etc. Elles font preuve d'une richesse d'idées, d'un esprit et d'un humour spécifiques, alliés à un sens exceptionnel des formes et des couleurs, une manière d'aller à l'essentiel et de mettre en évidence avec simplicité des symboles accessibles à tous. L'art de Cassandre associait force et élégance, fermeté et transparence, calme statique et vivacité dynamique.

Dans l'après-guerre émergèrent de nouveaux courants, tels le Pop Art et l'Op Art, l'expressionnisme romantique, le montage surréaliste, le psychédélisme, etc. Léger, Braque, Picasso, Miró, Arp, Marini, entre autres, ont créé, souvent pour leurs propres expositions, des chefs-d'œuvre d'une beauté incomparable.

En Italie, Dudovich et Sepo ont hissé l'affiche illustrative à un niveau remarquable. Le futurisme n'a guère modifié le style de l'affiche, largement influencé par l'économie. Mais de jeunes artistes comme Giovanni Pintori et Franco Grignani ont donné à l'affiche un nouvel élan.

Parmi les maîtres danois figurent Sikker Hansen, Arne Ungermann, Rasmussen et Möller. Les autres pays scandinaves, en particulier la Finlande, ont surpris au cours d e ces dernières années par des affiches qui ont acquis une notoriété internationale.

Aux États-Unis, les panneaux d'affichage étaient couverts d'œuvres de Paul Rand, Erik Nitsche, Paul R. Smith & Kenneth D. Haak, A. F. Arnold, Lester Beall, Robert Gage, George Giusti, Gyorgy Kepes, Matthew Leisbowitz, Bradbury Thompson, Walter H. Allner et Will Burtin. Les affiches de Paul Rand, caractérisées par une composition picturale et chromatique généreuse, l'absence de détails inutiles et un humour fin et stimulant sont percutantes. Erik Nitsche a créé toute une série d'affiches intéressantes pour les différentes manifestations de physique atomique de General Dynamic. Robert Gage a réalisé des affiches suggestives et de forme peu conventionnelle pour la maison de mode Ohrbach's. Le Pop Art est surtout représenté par de jeunes artistes.

En Pologne, Tchécoslovaquie, Hongrie, Russie et autres pays de l'Est, divers artistes continuèrent à produire des affiches illustratives en grand nombre. En Pologne en particulier, apparurent des affiches de forme nouvelle, à la fois originales et percutantes, produits d'une tradition ancienne rajeunie par de jeunes créateurs de grand talent.

Des jeunes artistes cubains étonnants créèrent de nombreuses affiches originales, colorées, témoignant un réel plaisir à chercher à innover.

En Russie et en Allemagne, les premières affiches photographiques – d'excellente facture – firent leur apparition dans les années 1920. El Lissitzky, Kluziss, Dolgorukow, Moholy-Nagy, Heartfield, Tschichold et, aux Pays-Bas, Zwart et Schuitema conçurent des affiches reposant essentiellement sur la photographie. Dans les années 1930, les Suisses Matter, Herdeg et Neuburg ont créé des affiches qui n'ont rien perdu de leur nouveauté. L'affiche utilisant la photographie, avec ses possibilités d'application pratiquement illimitées, a maintenant pénétré tous les continents.

The illustrative poster

The beginning of poster art in France: Before Senefelder's discovery of lithography, wood or copperplate engraving was used for coloured posters – which were almost exclusively monochrome. Even for the early lithographic posters, colours were seldom used and the objects were not usually in life-like colours. The illustration was more or less aptly added to the text, but was not integrated. Jules Chéret (1836–1932), introduced the decisive turning point in poster design. His work established the beginning of the modern poster. He was the owner of a lithographic printing works and made his designs himself. Taking advantage of the relatively new colour process, he produced designs that were very vivid and direct, with an illustration and a few bright colours in large, coherent shapes. Chéret reduced the number of people to a small group, in which one figure dominated the foreground. He often left only a single figure in the picture and used large, clear lettering. Cheerful, young women, moving like dancers, smile at us from almost all Chéret's posters. He was the first to launch the pin-up girl of our time, an effective publicity motif in poster design. Chéret was in England in the 1850s where he got to know the technique of reproducing coloured copies in large numbers. At the same time, he also improved colour lithography. He achieved a rich and vivid effect with only four or five ink blocks. Moreover, his prints, compared with those often produced with dozens of colours, were cheap. In England he also got to know the large poster format, which he later introduced to Paris. Chéret's revolutionary achievement lay, however, in his simple, boldly outlined drawing without any superfluous details, the limitation to one main motif, colours used on large surfaces without any modelling or shading, and a concise text. These simple and vigorously outlined drawings with flat, coloured shapes were taken over from the Japanese by Chéret and his contemporaries. The Japanese coloured woodcut, printed with only a few blocks, was attractive in its simplicity, and the effect was very rich. These designs came to Europe in the middle of the nineteenth century. Japanese arts and crafts could be obtained in Paris in 1862, and English artists took the Japanese coloured woodcut back to their own country. Manet, Van Gogh, Gauguin, the Goncourt brothers, Chéret and, above all, Toulouse-Lautrec knew these coloured woodcuts and took their inspiration from them. Utamaro and Hokusai were popular and much in demand by collectors. Lautrec's seal-like monogram owes its origin to his knowledge of Japanese art. The Japanese woodcut stimulated the poster artist to produce bolder and more extravagant erotica. This then encouraged advertisers to sell their products in combination with the idea of sex. Chéret made an interesting experiment with a poster for the Folies Bergères, 'La Loie Fuller'. He printed it in four different colour variations, leaving the illustration and text the same. So the passer-by, looking at the hoardings, experienced the changing play of colour on the same theme. Edmont de Goncourt called Chéret 'the creator of the street gallery'. Chéret painted more than 1,200 posters, which were in great demand by collectors. They expressed the theme and spirit of the 'fin de siècle' particularly clearly. Toulouse-Lautrec, the most gifted designer, made the poster a work of art. In his creations, the important elements of the modern poster were already effectively present: a clear, simple drawing; the expressive power of the lines; bold, flat colours; original and unusual picture composition, the audacity of the outline of the motif being similar to that of Degas; and the text integrated into the general layout. Lautrec analysed the situation, characterized the people and revealed their nature. Chéret, on the other hand, showed the naïve, untroubled, always smiling faces of dainty and charming young women of enchanting freshness. Eugène Grasset, Swiss by birth, was a pupil of Viollet-le-Duc. With the coming of Art Nouveau, he remained mainly with the old school and used its stylistic elements. He was impressed by the art of the Far East and introduced Japanese forms into his own work. In a poster for ink, 'Encre L. Marquet', he expressed his kinship with the Pre-Raphaelites, while his design for a festival poster is reminiscent of a medieval tapestry. Grasset, always versatile, adapted himself skilfully to the tasks of those times. The posters of Marc-Auguste Bastard and Carloz Schwabes are similar to the graphic style of Grasset. Henri Gabriel Ibels had much in common with Toulouse-Lautrec as regards both theme and style. Ibels also wanted to intensify his message with striking forms. Lucien Métivet, who was a great personality among artists, designed two excellent posters for Eugénie Buffet, the street-singer. Manuel Robbe, Herman Paul, Louis Anquetin, Adolphe

Willette and Maurice Réalier-Dumas were other gifted artists who found their own poster style and enriched the Paris scene of the 1890s.

Théophile Alexandre Steinlen, Swiss like Grasset and Schwabe, differed from the others in his social-critical tendency, which was dramatically expressed in his posters for the journal *Le Petit Sou*. He achieved a magnificent and imposing effect with the poster for a tour of the cabaret 'Chat Noir'. This design is among the most impressive in the history of posters. Parisian Art Nouveau was enlivened by the arrival of a special character in the person of Alfons Maria Mucha, a Czech. In his famous poster for the artiste Sarah Bernhardt, he artificially extended the figure and clothed it in garments of ceremonial splendour. Garments and background are decorated with sumptuously decadent ornaments. The pale colours, the ceremonial and pseudo-religious pose of the ideal of feminine beauty and the purely decorative, somewhat trivial form correspond to Sarah Bernhardt's intentions. Mucha's posters decisively furthered the development of poster art in other countries, while Cappiello became the successor to Chéret and Toulouse-Lautrec in Paris after 1900.

In England, the two friends John Hassal and Dudley Hardy were successful with their posters. Hassal, famous as the 'Poster King', was a mediocre artist but his technique was good. Hardy gained his first big success with his poster 'The Yellow Girl' for the monthly magazine *Today*. This was very reminiscent of Chéret. An effective two-colour poster for the magazine *Pall Mall Budget* was done by

Maurice Greiffenhagen. The works of Mosnar Yendis (Sidney Ransom), Walter Crane and Phil May are colourful and sensitive in form. The two artists William Nicholson and James Pryde, who adopted the pseudonym of the Beggarstaff Brothers, achieved outstanding success, and their confidence with design and colour is still fascinating today. Clear lines with the most economic means, flat surface colouring, well-composed lettering, and all the elements in a masterful composition are characteristic of their works. Aubrey Vincent Beardsley, close to the Pre-Raphaelites and under the influence of the art of Japanese woodcuts, produced, with a sure hand, posters that were full of interest. We know Frederick Walker from his black and white design 'Woman in White' with the flat-surface effect. In Will Bradley, at the end of the nineteenth century, the United States had its greatest talent, with a rich, forceful repertoire of forms. Even in his first poster, for *When Hearts are Trumps* by Tom Hall in 1890, the sure design – with a broad application of colour and a clear text – had a compelling impact. His other posters, without exception, are striking because of their richly ornamental fantasy, small details which are extremely sensitively applied, and their closed forms. With Bradley in the 1890s, there was also Edward Penfield, the 'patriarch of American poster art'. Louis Rhead, Maxfield Parrish, Ethel Reed and G. F. Scotson-Clark were also at the forefront of those who determined the style and quality of posters, while O. Giannini's drawing for the 'Turner Brass Works' is amazing for its bold composition that foreshadows constructivist development.

Other European countries:
At a time when the posters of Chéret and Toulouse-Lautrec were already finding enthusiastic collectors in Paris, posters overloaded with stiff, conventional graphic ideas still dominated the walls in Germany. The example of the French masters, however, had a liberating effect. With the founding of such avant-garde journals as *Pan* (1895, Berlin), *Jugend* (1896, Munich, from which the name of 'Jugendstil' in Germany was derived), *Simplizissimus* (1896, Munich), *Ver Sacrum* (1898, Vienna), *Die Insel* (1899, Leipzig) and later *Sturm* (1910, Berlin) the new idea and the new style began to spread. These journals stimulated such artists as Josef Sattler, Fritz Tanneberg, Thomas Theodor Heine, Oskar Kokoschka, Emil Rudolf Weiss, Koloman Moser, Julius Klinger, Ernst Deutsch, Erwin Puchinger, Alfred Roller and others. The centres of poster activity were Berlin and Munich in Germany, and Vienna in Austria. All these artists endeavoured to plan the surface using simplified and reduced illustrative, as well as colourful, means so as to give the line and colour more power of expression. 'Secession', the artists' association founded in Vienna in 1897, threw all the old standards overboard and introduced a 're-birth of artistic creation'. The journal *Ver Sacrum* proclaimed the new aims, which were introduced by Henry van de Velde 1863–1957: art had to have a social purpose and to influence the way of life of the whole population. The same degree of importance assigned to the liberal arts should be due to craftwork and applied art. This manifesto suddenly changed the appearance of posters.

Josef Hoffmann, Joseph Maria Olbrich, Koloman Moser, Aldred Roller, Egon Schiele, Gustav Klimt and Oskar Kokoschka all undertook commissions for posters and introduced the new Austrian style: severe ornamentation, a flat surface and definite colouring with a minimum of shades. Skilled crafts also experienced a revival in Belgium and Holland. Privat-Livemont, comparable to Mucha, was the leading artist, though indeed bolder in creating designs and stronger with colours than Mucha. Henri Meunier used the method of composition more severely and tersely. Other successful designers were Fernand Toussant, Victor Mignot and – from Liège – Bermana, Rassenfosse and Donnay. Van de Velde created one of the most noteworthy examples of Art Nouveau with his poster for the food 'Tropon'. There were also some capable poster artists at work in Holland at the end of the nineteenth century: J. G. Caspel, Willi Sluiter and Jan Thorn Prikker. They represented a special form of Art Nouveau with ornamental, flat, shadowless and contoured drawings. In addition, John de Vaszary, M. Wottotz and Arpad Basch made a name for themselves with their masterly art of drawing. In Italy there were only a few gifted illustrators who designed posters for publishers, the theatre and stores. The most important among them were Adolfo Hohenstein, Leopoldo Metlicovitz, F. Laskoff and Giovanni Mataloni.
In Spain, the Barcelona school with such painters as Alejandro de Riquer and Ramon Casas led the way. De Riguer was close to Grasset and Mucha, Casas to Toulouse-Lautrec. Neither the Spanish nor the Italian designers, however, achieved the artistic perfection of their predecessors.

Europe after the turn of the century:
The pioneer creations of the French artists in the 'belle époque' (1890–1900) had an impact beyond their national frontiers. Painters, illustrators, stage décor designers, printers and architects applied themselves to the task of poster designing. In Germany, well-known artists developed guiding principles, foremost among them the architects Peter Behrens and Ludwig Hohlwein. Edmund Edel, Julius Gipkins, Emil Orlik, Lucian Bernhard, Hans Rudi Erdt, Paul Scheurich, Jo Steiner, Ernst Deutsch, Emil Preetorius, and the graphic artists Fritz Hellmuth Ehmcke, Emil Rudolf Weiss, O. H. Hadank, Franz von Stuck and others gave posters their unmistakable stamp. But their individuality had already adapted to the creative laws of the poster and the task of those times. Ornamental elements noticeably disappeared, colour and design subordinated themselves consciously and realistically to the task in hand. Later illustrative poster designers between the two world wars built largely on the experience of these predecessors.
A large number of important artists contributed decisively to the development of Swiss poster art at the beginning of the twentieth century. Among them were the painters Ferdinand Hodler, Emile Cardinaux, Wilhelm Friedrich Burger, Robert Hardmeier, Burkhard Mangold, Augusto Giacometti and Otto Baumberger. Their posters are distinguished by the sparing use of graphic means, effective arrangement of the space and the masterly use of colour. In a poster for a laundry, Hardmeier used one of the earliest examples of an animal given human form, and this soon found followers. Mangold's bold and extremely confidently chosen pictorial designs were reminiscent of Degas. Baumberger was the ingenious, unsurpassed master of large, often monumental, picture language used with a minimum of illustrative and chromatic means.
Ernst Keller introduced a new type of illustrative style in the 1920s. Keller stylized forms to the extreme, conferring, in the same process, equal importance to text and colour. Stöcklin, Birkhäuser, Bühler, Brun and Leupin forged the realistic style of Basle illustration. Gauchat, Erni, Falk, Steiner, Carigiet, Monnerat, Piatti, Hofmann and Leupin cultivated their own specific styles – Erni, as a master of illustration and technique, Falk as a sublime illustrator with graphic means and Leupin with ingenious wittiness and charming humour.
In Alexeieff and McKnight Kauffer, England had imaginative and gifted designers, stimulated by French Cubism and the collage technique. McKnight Kauffer's posters belong to the all-time masterpieces of poster art. Lewitt-Him, Abram Games, Hans Schleger, Ashley Havinden and others worked out new and effective solutions. From their school originated a series of skilful graphic designers who dominated English posters up to the 1970s.
It was relatively quiet in France after the 'belle époque'. Leonetto Cappiello, an Italian who became a naturalized Frenchman, was

regarded as a star among poster designers. Charles Loupot, Jean Carlu, Paul Colin, Jean Picard Le Doux, Jacques Nathan and Bernard Villemot determined the style of French posters in the 1920s and 1930s. A. M. Cassandre's achievements remain unrivalled. His posters – for newspapers, railways, shipping lines, beverages and stores – are proof of his wealth of ideas, spirit and humour combined with a rare feeling for form and colour, an eye for fundamentals and the ability to simplify things to a sign-like design to make them more easily understandable. Cassandre combined strength with elegance, solidity with transparency, and static quietness with dynamic vivacity.

The post-war period produced new artists who worked on various levels. New tendencies of the time were Pop and Op Art, romantic expressionism, surrealistic montage technique, the psychedelic wave and so on. Works of timeless beauty were created, mostly for their own exhibitions, by Léger, Braque, Picasso, Miró, Arp, Marini and others.

Dudovich, Sepo and others helped illustrative poster design to reach a high level of achievement in Italy. Futurism and its manifestations hardly changed the style of the – chiefly economic – posters of the time but younger artists, such as Giovanni Pintori and Franco Grignani, brought a new impetus. Danish masters were Sikker Hansen, Arne Ungermann, Rasmussen and Möller. The other Scandinavian countries, especially Finland, surprised the world in the 1960s and 1970s with poster designs that gained

international recognition.

In the United States, Paul Rand, Erik Nitsche, Paul R. Smith and Kenneth D. Haak, A. F. Arnold, Lester Beall, Robert Gage, George Giusti, Gyorgy Kepes, Matthew Leibowitz, Bradbury Thompson, Walter H. Allner, Will Burtin and others dominated poster hoardings. Paul Rand's posters appeal because of their concise form and colour, designed to have a strong effect. They omit unnecessary details and often enliven the topic with delicate humour. Erik Nitsche designed a series of interesting posters on the topic of atomic physics for General Dynamics. Robert Gage created an unconventional, suggestive form of poster advertising for the fashion-house of Ohrbach. Young designers signposted a new direction approaching that of Pop Art.

In the Eastern European countries of Poland, Czechoslovakia, Hungary and Russia, various artists had been further developing the illustrative poster on a wide front. Poland, especially, was known for producing posters that were impressive, original and modern in form. Here, an old tradition had been handed down which was taken up by young artists and continues to live in various forms. From the late 1960s onwards, Cuba surprisingly produced numerous original experimental posters in vivid colours, and the poster world there continued to produce outstanding designs.

With the discovery of photography in the last century, this means of artistic designing has had a belated success. The first photograph to appear on a poster did so only after the technique had been available for eighty

years. During the 1920s, the first photo-posters appeared in Russia and Germany and they were excellent. El Lissitzky, Kluziss, Dolgorukow, Moholy-Nagy, Heartfield, Tschichold, as well as Zwart and Schuitema in Holland, designed posters primarily with photographic elements. They were joined in the 1930s by Matter, Herdeg and Neuburg (all Swiss), who produced designs that are still compelling today. Since then, the photographic illustrative poster, with its almost unlimited possibilities of application, has conquered all continents.

11
Jules Chéret
Plakat für einen Eispalast. Lithografie
Affiche pour un palais de glace. Lithographie
Poster for an ice palace. Lithography
1893 Paris
88 × 128 cm

12
Jules Chéret
Plakat für Petroleum. Lithografie, mehrfarbig
Affiche pour du pétrole. Lithographie, polychrome
Poster for petroleum. Lithography, multi-coloured
1891 Paris
87 x 122,5 cm

13
Jules Chéret
Plakat für ein Medikament. Lithografie, mehrfarbig
Affiche pour un remède. Lithographie, polychrome
Poster for medicine. Lithography, multi-coloured
1891 Paris
87 x 122,5 cm

14
Henri de Toulouse-Lautrec
Theaterplakat. Lithografie
Affiche de théâtre. Lithographie
Theatre poster. Lithography
1892 Paris
62 × 80 cm

15
Henri de Toulouse-Lautrec
Theaterplakat. Lithografie
Affiche de théâtre. Lithographie
Theatre poster. Lithography
1895 Paris
59,5 × 79 cm

16
Henri de Toulouse-Lautrec
Theaterplakat. Lithografie
Affiche de théâtre. Lithographie
Theatre poster. Lithography
1892 Paris
98 × 140,5 cm

17
Lucien Métivet
Theaterplakat. Lithografie, mehrfarbig
Affiche de théâtre. Lithographie, polychrome
Theatre poster. Lithography, multi-coloured
1893 Paris
78 × 119 cm

18
Georges de Feure
Plakat für eine Zeitschrift
Lithografie, rot/blau/gelb/zweimal braun/grau
Affiche pour une revue
Lithographie, rouge/bleu/jaune/deux fois brun/gris
Magazine poster
Lithography, red/blue/yellow/twice brown/grey
1894 Paris
62 × 79 cm

19
Adolphe-Léon Willette
Plakat für eine Kakaomarke
Lithografie, mehrfarbig
Affiche pour une marque de cacao
Lithographie, polychrome
Poster for a make of cocoa
Lithography, multi-coloured
1895 Paris
66 × 192 cm

20
Alphonse Mucha
Plakat
für ein Zigarettenpapier
Lithografie
Affiche pour du papier de
cigarettes
Lithographie
Poster for a cigarette-paper
Lithography
1894 Paris
46 x 61 cm

21
Henri de Toulouse-Lautrec
Ausstellungsplakat. Lithografie, mehrfarbig
Affiche d'exposition. Lithographie, polychrome
Exhibition poster. Lithography, multi-coloured
1896 Paris
40,5 × 61,5 cm

22
Eugène Grasset
Plakat für eine Tintenmarke
Lithografie, mehrfarbig
Affiche pour une marque d'encre
Lithographie, polychrome
Poster for a make of ink
Lithography, multi-coloured
1892 Paris
70 × 112,2 cm

23
Eugène Grasset
Plakat für eine Fahrrad- und Automobilmarke
Lithografie, rot/orange/blau/dunkelgrau/schwarz
Affiche pour une marque de bicyclettes et d'automobiles
Lithographie, rouge/orange/bleu/gris foncé/noir
Poster for a make of cycles and cars
Lithography, red/orange/blue/dark-grey/black
vor/avant/before 1899 Paris
149 × 109 cm

24
Pierre Bonnard
Plakat für eine Zeitschrift
Lithografie
Affiche pour une revue
Lithographie
Magazine poster. Lithography
1894 Paris
59 x 76 cm

25
Pierre Bonnard
Plakat für eine Zeitschrift
Lithografie, mehrfarbig
Affiche pour une revue
Lithographie, polychrome
Magazine poster
Lithography, multi-coloured
1898 Paris
60 × 80 cm

26
Théophile Alexandre Steinlen
Cabaretplakat. Lithografie, mehrfarbig
Affiche pour un cabaret
Lithographie, polychrome
Poster for a cabaret
Lithography, multi-coloured
1894 Paris
93,5 × 131 cm

27
Théophile Alexandre Steinlen
Ausstellungsplakat. Lithografie
Affiche d'exposition. Lithographie
Exhibition poster. Lithography
1899 Paris
98 × 138 cm

28
Foäche
Zeitungsplakat. Lithografie
Affiche de journal. Lithographie
Newspaper poster. Lithography
1900 Toulouse-Paris
145 x 82 cm

29
Georges Meunier
Plakat für ein Fest. Lithografie, mehrfarbig
Affiche pour une fête. Lithographie, polychrome
Poster for a festival. Lithography, multi-coloured
1895 Paris
88 x 124 cm

30
Félix Vallotton
Ausstellungsplakat
Lithografie, rot/hell- und dunkel-olivgrün
Affiche d'exposition
Lithographie, rouge/vert olive clair et foncé
Exhibition poster
Lithography, red/light and dark olive-green
1896 Paris
44,7 x 62 cm

31
T. Privat-Livemont
Plakat für eine Teemarke. Lithografie, mehrfarbig
Affiche pour une marque de thé
Lithographie, polychrome
Poster for a make of tea. Lithography, multi-coloured
1900 Amsterdam
42 x 74,5 cm

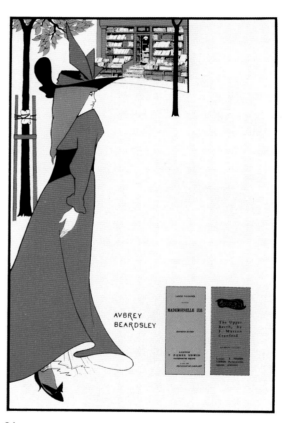

32
Maurice Greiffenhagen
Plakat für eine Zeitschrift. Lithografie
Affiche pour une revue. Lithographie
Poster for a magazine. Lithography
1894 London/Londres
150 x 200 cm

33
Gordon Craig
Plakat für eine Zeitschrift. Lithografie
Affiche pour une revue. Lithographie
Poster for a magazine. Lithography
1895 London/Londres
50,5 x 76 cm

34
Aubrey Vincent Beardsley
Buchplakat. Lithografie
Affiche de livres. Lithographie
Book poster. Lithography
1895 London/Londres
57 x 91 cm

35
The Beggarstaffs
Plakat für ein Schokoladegetränk
Holzschnitt
Affiche pour une boisson au chocolat
Gravure sur bois
Poster for a chocolate-drink
Woodcut
1895 England/Angleterre
77 × 102 cm

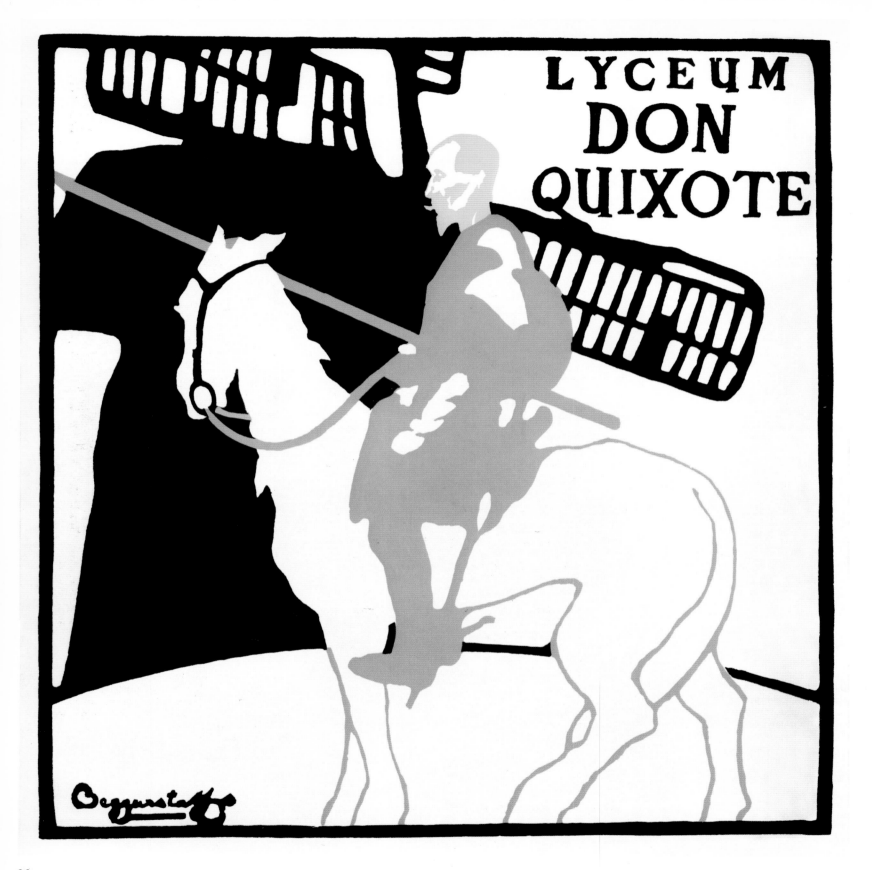

36
The Beggarstaffs
Theaterplakat. Lithografie
Affiche de théâtre. Lithographie
Theatre poster. Lithography
1896 England/Angleterre
193,2 × 196,3 cm

37
O. Giannini
Plakat. Lithografie, schwarz
Affiche. Lithographie, noir
Poster. Lithography, black
1895 USA

38
Charles Rennie Mackintosh
Plakat für eine Zeitschrift. Lithografie, mehrfarbig
Affiche pour une revue. Lithographie, polychrome
Poster for a magazine. Lithography, multi-coloured
1896 Edinburgh-Glasgow
99 × 246,3 cm

39
Dudley Hardy
Theaterplakat. Lithografie
Affiche de théâtre. Lithographie
Theatre poster. Lithography
1894 London/Londres
104 x 234 cm

40
Ethel Reed
Plakat für ein Buch. Lithografie
Affiche pour un livre. Lithographie
Poster for a book. Lithography
1895 Boston
48 x 70 cm

41
William H, Bradley
Plakat für eine Zeitschrift. Lithografie
Affiche pour une revue. Lithographie
Poster for a magazine. Lithography
1894 USA
35 x 50,2 cm

42
William H. Bradley
Buchplakat. Lithografie
Affiche de livre. Lithographie
Book poster. Lithography
1890 Chicago
35,5 × 43,5 cm

43
Edward Penfield
Plakat für eine Zeitschrift
Lithografie, dunkelblau/rot/braun/gelb
Affiche pour une revue
Lithographie, bleu foncé/rouge/brun/jaune
Poster for a magazine
Lithography, dark-blue/red/brown/yellow
ca./environ/about 1907
33,5 × 47 cm

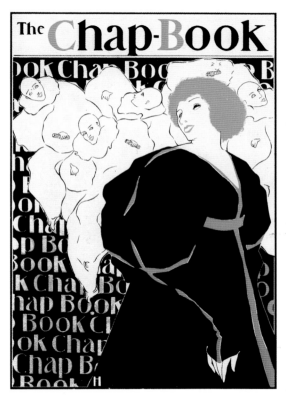

44
Edward Penfield
Plakat für eine Zeitschrift. Lithografie
Affiche pour une revue. Lithographie
Poster for a magazine. Lithography
ca./environ/about 1895 USA
36,1 x 49 cm

45
Frank Hazenplug
Plakat für eine Zeitschrift. Lithografie
Affiche pour une revue. Lithographie
Poster for a magazine. Lithography
1896 Chicago
35,6 x 52,2 cm

46
William Carqueville
Plakat für eine Zeitschrift. Lithografie
Affiche pour une revue. Lithographie
Poster for a magazine. Lithography
1896 Philadelphia
31,2 x 48 cm

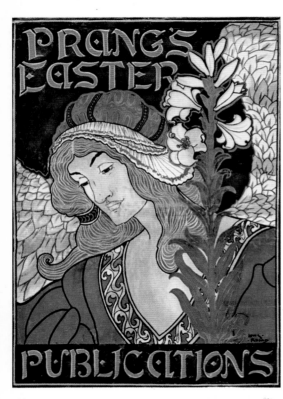

47
Louis Rhead
Verlagsplakat. Lithografie
Affiche d'une maison d'édition. Lithographie
Poster for a publishing-house. Lithography
ca./environ/about 1895 USA
40,5 x 58 cm

48
Mosnar Yendis
Plakat für eine Zeitschrift. Lithografie
Affiche pour une revue. Lithographie
Poster for a magazine. Lithography
1898 New York
51 x 76,5 cm

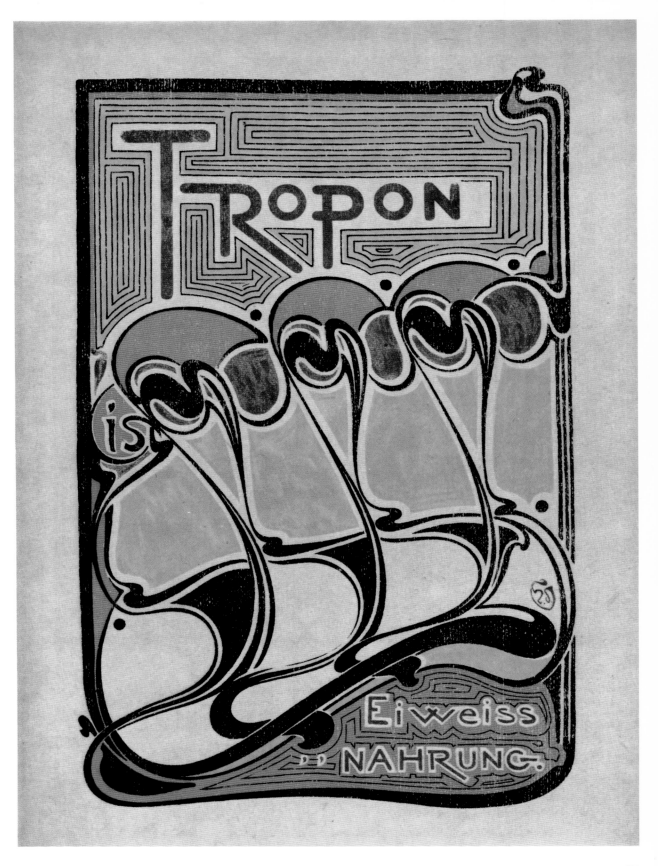

49
Henry van de Velde
Plakat für ein Nahrungsmittel. Lithografie
Affiche alimentaire. Lithographie
Poster for a foodstuff. Lithography
1899 Köln/Cologne
26,2 × 35 cm

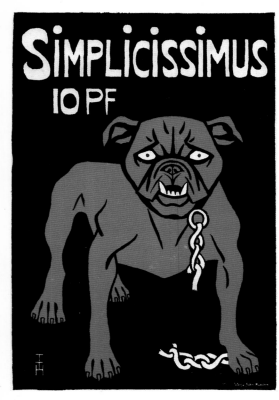

50
Thomas Theodor Heine
Plakat für eine Zeitschrift. Lithografie
Affiche pour une revue. Lithographie
Poster for a magazine. Lithography
1896 München/Munich
45 x 60,5 cm

51
Jan Thorn Prikker
Ausstellungsplakat. Lithografie
Affiche d'exposition. Lithographie
Exhibition poster. Lithography
1903 Den Haag/La Haye/The Hague
121 x 85 cm

52
Alfred Roller
Ausstellungsplakat. Lithografie
Affiche d'exposition. Lithographie
Exhibition poster. Lithography
1902 Wien/Vienne/Vienna
31,5 x 95 cm

53
Koloman Moser
Ausstellungsplakat. Lithografie
Affiche d'exposition. Lithographie
Exhibition poster. Lithography
1902 Wien/Vienne/Vienna
31,5 x 95 cm

54
Robert Hardmeier
Plakat für eine Waschanstalt. Lithografie
Affiche pour une blanchisserie. Lithographie
Poster for a laundry. Lithography
1905 Zürich/Zurich
90,5 × 128 cm

55
Hans Rudi Erdt
Plakat für eine Bar. Lithografie
Affiche pour un bar. Lithographie
Poster for a bar. Lithography
1907 München/Munich
91,5 × 125 cm

56
Rolf Niczky
Plakat für eine Hundekuchenmarke. Lithografie
Affiche pour une marque de biscuits pour chiens
Lithographie
Poster for a make of dog biscuit. Lithography
ca./environ/about 1910 Berlin
91,5 × 70 cm

57
Carl Moos
Plakat für ein Sportartikelgeschäft.
Lithografie
Affiche pour un magasin d'articles de sport
Lithographie
Poster for a sports-goods shop.
Lithography
1907 München/Munich
91,3 × 124,6 cm

58
Ludwig Hohlwein
Plakat für ein Kunstgewerbehaus
Lithografie, mehrfarbig
Affiche pour une maison des arts
décoratifs. Lithographie, polychrome
Poster of an arts and crafts shop
Lithography, multi-coloured
1908 München/Munich
91,5 × 125 cm

59
Ludwig Hohlwein
Plakat für ein Sportbekleidungsgeschäft
Lithografie
Affiche pour un magasin de vêtements
de sport. Lithographie
Poster for a sportswear shop
Lithography
1908 München/Munich
93 × 125 cm

60
Ernst Deutsch
Plakat für eine Schuhmarke. Lithografie
Affiche pour une marque de chaussures
Lithographie
Poster for a make of shoes. Lithography
1912 Berlin
94,3 × 70 cm

61
Julius Klinger
Ausstellungsplakat. Lithografie
Affiche d'exposition. Lithographie
Exhibition poster. Lithography
1914 Berlin
94,5 × 70,5 cm

62
Lucian Bernhard
Verlagsplakat. Lithografie
Affiche d'une maison d'édition. Lithographie
Poster for a publishing house. Lithography
1915 Berlin
47,5 × 71 cm

63
Marcello Dudovich
Plakat für ein Kaufhaus. Lithografie, mehrfarbig
Affiche pour un grand magasin.
Lithographie, polychrome
Poster for a store. Lithography, multi-coloured
1912 Mailand/Milan
144 x 204 cm

64
Eduard Stiefel
Plakat für einen Sportanlass. Lithografie, mehrfarbig
Affiche pour une manifestation sportive.
Lithographie, polychrome
Poster for a sporting event. Lithography, multi-coloured
1906 Bern/Berne
85 x 106 cm

65
Burkard Mangold
Touristisches Plakat. Lithografie
Affiche touristique. Lithographie
Tourist poster. Lithography
1914 Zürich/Zurich
90 × 127 cm

66
Emile Cardinaux
Ausstellungsplakat. Lithografie
Affiche d'exposition. Lithographie
Exhibition poster. Lithography
1914 Zürich/Zurich
99 x 136 cm

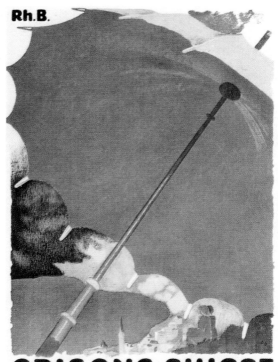

67
Otto Baumberger
Plakat für ein Pianohaus.
Offsetdruck, rot/schwarz/blau
Affiche pour une maison de piano.
Impression offset, rouge/noir/bleu
Poster for a piano firm.
Offset printing, red/black/blue
1920 Zürich/Zurich
90 x 128 cm

68
Augusto Giacometti
Touristisches Plakat. Lithografie, mehrfarbig
Affiche touristique. Lithographie, polychrome
Tourist poster. Lithography, multi-coloured
ca./environ/about 1918 Zürich/Zurich
90,5 x 128 cm

69
Charles Loupot
Plakat für eine Automobilmarke
Lithografie, mehrfarbig
Affiche pour une marque d'automobiles
Lithographie, polychrome
Poster for a make of cars
Lithography, multi-coloured
1924 Paris
120 x 159 cm

70
A. M. Cassandre
Touristisches Plakat.
Lithografie, mehrfarbig
Affiche touristique.
Lithographie, polychrome
Tourist poster.
Lithography, multi-coloured
1925 Paris
75,5 × 105 cm

71
Otto Morach
Touristisches Plakat. Lithografie
Affiche touristique. Lithographie
Tourist poster. Lithography
1926 Zürich/Zurich
90,3 × 127,9 cm

72
André Lhote
Plakat für einen Kostümball. Lithografie
Affiche pour un bal costumé. Lithographie
Poster for a fancy-dress ball. Lithography
1922 Paris
100 x 139 cm

73
anonym/anonyme/anonymous
Plakat für eine Tabakmarke. Linolschnitt
Affiche pour une marque de tabac. Gravure sur linoléum
Poster for a make of tobacco. Lino cut
ca./environ/about 1929 Zürich/Zurich
90,6 x 127,7 cm

74
Julius Klinger
Plakat für eine Agentur. Lithografie
Affiche pour une agence. Lithographie
Poster for an agency. Lithography
1930 Deutschland/Allemagne/Germany
123,4 x 93 cm

75
Leonetto Cappiello
Plakat für Bouillonwürfel. Lithografie
Affiche pour des cubes de bouillon. Lithographie
Poster for beef-tea cubes. Lithography
1931 Paris
198 × 122 cm

76
Otto Baumberger
Plakat für eine Likörmarke. Linolschnitt
Affiche pour une marque de liqueur.
Gravure sur linoléum
Poster for a liqueur. Lino cut
1937 Aarau
90,5 × 128 cm

77
Jean Carlu
Plakat für eine Schallplattenmarke. Lithografie
Affiche pour une marque de disques. Lithographie
Poster for a make of records. Lithography
1929 Paris
129,2 x 198 cm

DINE ON THE L·N·E·R
Over Two Hundred Restaurant Cars and Twenty-Two Hotels

78
Aléxandre Alexeieff
Touristisches Plakat. Tiefdruck
Affiche touristique. Impression en creux
Tourist poster. Intaglio
1928 Edinburgh-London/Londres
126 x 101 cm

79
Niklaus Stoecklin
Plakat für ein Konfektionsgeschäft
Lithografie, mehrfarbig
Affiche pour un magasin de confection
Lithographie, polychrome
Poster for a ready-made clothes shop
Lithography, multi-coloured
1934 Zürich/Zurich
90 x 127,5 cm

80
Herbert Matter
Plakat für ein Konfektionsgeschäft.
Lithografie, mehrfarbig
Affiche pour un magasin de confection
Lithographie, polychrome
Poster for a ready-made clothes shop.
Lithography, multi-coloured
1928 Zürich/Zurich
90,5 x 128 cm

81
Ernst Keller
Ausstellungsplakat. Linolschnitt, mehrfarbig
Affiche d'exposition. Gravure sur linoléum, polychrome
Exhibition poster. Lino cut, multi-coloured
1931 Zürich/Zurich
91 x 128 cm

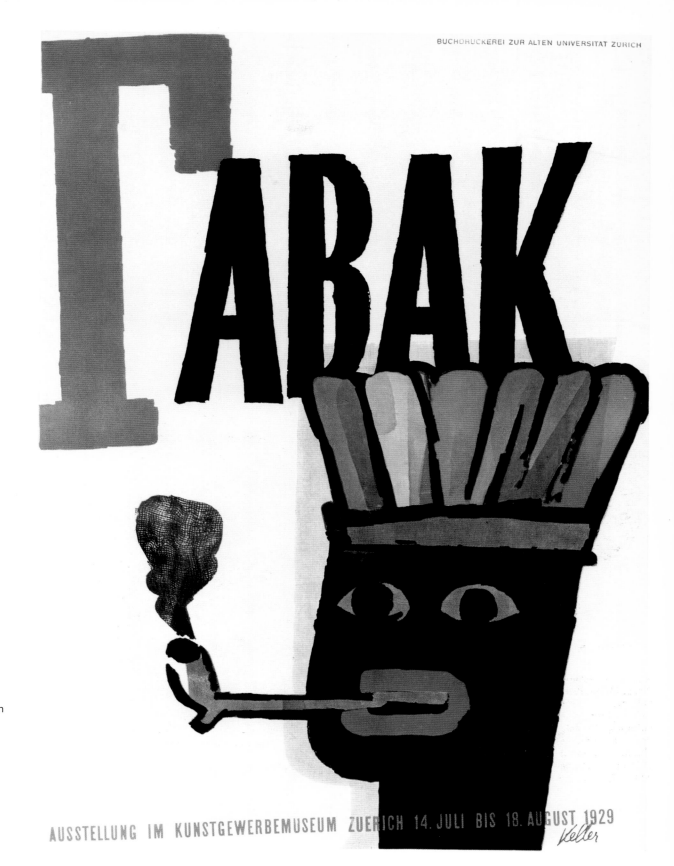

82
Ernst Keller
Ausstellungsplakat. Linolschnitt
Affiche d'exposition. Gravure sur linoléum
Exhibition poster. Lino cut
1929 Zürich/Zurich
92 x 127,5 cm

83
E. McKnight Kauffer
Touristisches Plakat. Lithografie
Affiche touristique. Lithographie
Tourist Poster. Lithography
1932 London/Londres
61,5 × 100,4 cm

84
A. M. Cassandre
Plakat für eine Autoschutzscheibe
Lithografie, schwarz/grau/blau/grün
Affiche pour un pare-brise
Lithographie, noir/gris/bleu/vert
Poster for a car windscreen
Lithography, black/grey/blue/green
1931 Paris
79,5 × 120 cm

85
Walter Herdeg
Touristisches Plakat. Tiefdruck, mehrfarbig
Affiche touristique. Impression en creux, polychrome
Tourist poster. Intaglio, multi-coloured
1934 Zürich/Zurich
64 x 102 cm

86
Niklaus Stoecklin
Plakat für eine Halstablette, Linolschnitt
Affiche pour tablettes contre le mal de gorge
Gravure sur linoléum
Poster for throat tablets. Lino cut
1937 Basel/Bâle/Basle
91,7 × 128 cm

mehr anbauen
oder hungern?

Mehranbau-Aktion des VSK und der Konsumgenossenschaften

87
Hans Erni
Aktionsplakat:
mehr anbauen oder hungern?
Fotochrom
Affiche publicitaire:
Cultiver davantage ou mourir de faim?
Lithographie photochromatique
Campaign poster:
Cultivate more or starve?
Photochrome
1942 Zürich/Zurich
89 × 127 cm

88
Abram Games
Aktionsplakat:
Euer Geschwätz könnte eure Kameraden töten
Offsetdruck, schwarz/rot/grau/gelb
Affiche publicitaire :
Vos bavardages pourraient tuer vos camarades
Impression offset, noir/rouge/gris/jaune
Campaign poster:
Your talk may kill your comrades
Offset printing, black/red/grey/yellow
1943 London/Londres
48 × 75 cm

89
Bernard Villemot
Aktionsplakat: Zur Befreiung von Paris
Lithografie, mehrfarbig
Affiche publicitaire : Pour la libération de Paris
Lithographie, polychrome
Campaign poster: For the liberation of Paris
Lithography, multi-coloured
1944 Paris
120 × 161 cm

90
Hans Erni
Aktionsplakat: Gegen den Atomkrieg
Offsetdruck, mehrfarbig
Affiche publicitaire : Contre la guerre atomique
Impression offset, polychrome
Campaign poster: Against nuclear warfare
Offset printing, multi-coloured
1954 Genf/Genève/Geneva
90 × 128 cm

91
Hans Falk
Aktionsplakat: Für das Alter
Lithografie, mehrfarbig
Affiche publicitaire : Pour la vieillesse
Lithographie, polychrome
Campaign poster: For old age
Lithography, multi-coloured
1945 Zürich/Zurich
90 x 128 cm

94

92
Hans Falk
Aktionsplakat: Hilf den Heimatlosen!
Lithografie
Affiche publicitaire : Aidez les apatrides !
Lithographie
Campaign poster: Help the homeless!
Lithography
1946 Zürich/Zurich
90,5 x 127,6 cm

93
Heiri Steiner
Theaterplakat. Lithografie, mehrfarbig
Affiche de théâtre. Lithographie, polychrome
Theatre poster. Lithography, multi-coloured
1946 Zürich/Zurich
90,5 x 128,3 cm

94
Paul Colin
Plakat für eine Tänzerin. Lithografie, mehrfarbig
Affiche pour une danseuse. Lithographie,
polychrome
Poster for a dancer. Lithography, multi-coloured
1948 Paris
60 x 116 cm

95
Jacques Nathan-Garamond
Ausstellungsplakat. Lithografie, mehrfarbig
Affiche d'exposition. Lithographie, polychrome
Exhibition poster. Lithography, multi-coloured
1949 Paris
116 x 159 cm

96
Hans Erni
Plakat für ein Modegeschäft. Lithografie
Affiche pour un magasin de mode. Lithographie
Poster for a fashion house. Lithography
1947 Zürich/Zurich
90 x 128 cm

97
George Lewitt-Him
Plakat für eine Fluglinie
Lithografie, mehrfarbig
Affiche pour une compagnie aérienne
Lithographie, polychrome
Poster for an airline
Lithography, multi-coloured
1948 London/Londres
96,4 x 60,8 cm

98
Raymond Savignac
Plakat für eine Zigarettenmarke. Offsetdruck
Affiche pour une marque de cigarettes. Impression offset
Poster for a make of cigarettes. Offset printing
1951 Deutschland/Allemagne/Germany
119 × 169,5 cm

99
Donald Brun
Plakat für einen Eierkognak. Offsetdruck
Affiche pour un cognac aux œufs. Impression offset
Poster for an egg-brandy. Offset printing
1947 Basel/Bâle/Basle
90,5 × 128 cm

100
Alois Carigiet
Aktionsplakat für eine Hilfsorganisation. Offsetdruck
Affiche publicitaire pour une organisation d'assistance.
Impression offset à la suite
Poster for a relief organization. Offset printing
1950 Zürich/Zurich
90,5 × 128 cm

The House in the Museum Garden
Marcel Breuer, Architect

Museum of Modern Art, New York
Entrance: 4 West 54 Street

Admission: 35 cents   Daily 12 to 7, Sunday 1 to 7

101
Paul Rand
Ausstellungsplakat. Lithografie
Affiche d'exposition. Lithographie
Exhibition poster. Lithography
1949 New York
21,6 x 27,8 cm

102
Paul Rand
Filmplakat. Offsetdruck, schwarz/grau/rot
Affiche de cinéma. Impression offset, noir/gris/rouge
Film poster. Offset printing, black/grey/red
1950 New York
244 x 109,8 cm

103
Abram Games
Touristisches Plakat. Lithografie, mehrfarbig
Affiche touristique. Lithographie, polychrome
Tourist poster. Lithography, multi-coloured
1952 London/Londres
64 x 101,5 cm

104
Herbert Leupin
Plakat für eine Zigarettenmarke
Offsetdruck
Affiche pour une marque de cigarettes
Impression offset
Poster for a make of cigarettes
Offset printing
1956 Zürich/Zurich
90,5 x 128 cm

105
Herbert Leupin
Plakat für eine Mineralwassermarke
Offsetdruck
Affiche pour une marque d'eau minérale
Impression offset
Poster for a make of mineral water
Offset printing
1956 Zürich/Zurich
87,1 × 126,5 cm

106
Giovanni Pintori
Plakat für Bürogeräte. Offsetdruck
Affiche pour accessoires de bureau. Impression offset
Poster for office equipment. Offset printing
1957 Mailand/Milan
48,7 × 69,5 cm

107
Michael Engelmann
Zeitungsplakat. Lichtdruck, gelb/schwarz
Affiche de journal. Phototypie, jaune/noir
Newspaper poster. Collotype, yellow/black
Fotografie/Photographie/Photography: Carl Baker
1958 USA
106 × 214 cm

108
Robert Gage
Plakat für ein Damenmodegeschäft
Offsetdruck, schwarz/gelb
Affiche pour un magasin de confection pour dames
Impression offset, noir/jaune
Poster for a ladieswear shop
Offset printing, black/yellow
1959 New York
142,7 x 109,8 cm

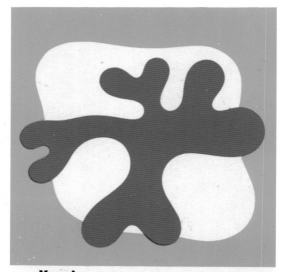

109
Joan Miró
Ausstellungsplakat. Lithografie
Affiche d'exposition. Lithographie
Exhibition poster. Lithography
1948 Paris
50,5 x 64 cm

110
Hans Arp
Ausstellungsplakat. Offsetdruck
Affiche d'exposition. Impression offset
Exhibition poster. Offset printing
1962 Basel/Bâle/Basle
90 x 127,7 cm

111
Fernand Léger
Ausstellungsplakat. Lithografie
Affiche d'exposition. Lithographie
Exhibition poster. Lithography
1953 Paris
47 x 65 cm

112
Pablo Picasso
Ausstellungsplakat. Lithografie
Affiche d'exposition. Lithographie
Exhibition poster. Lithography
1952 Paris
46,5 x 65 cm

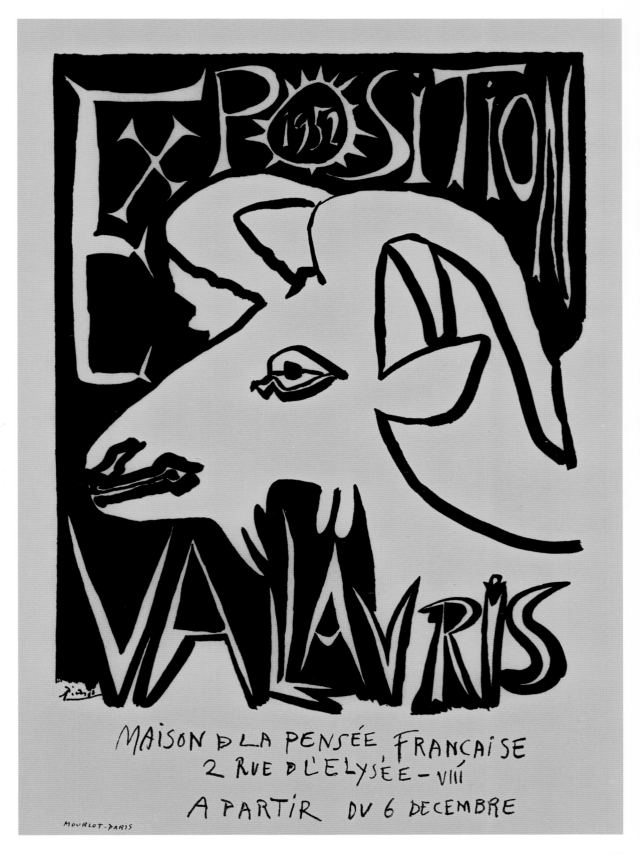

Basler Freilichtspiele
beim Letziturm im St. Albantal
15.-31. VIII 1963

Wilhelm Tell

113
Armin Hoffmann
Theaterplakat. Offsetdruck, schwarz
Affiche de théâtre. Impression offset noir
Theatre poster. Offset printing, black
1963 Basel/Bâle/Basle
90,5 × 128 cm

114
Jan Lenica
Opernplakat. Offsetdruck
Affiche d'opéra. Impression offset
Opera poster. Offset printing
1964 Warschau/Varsovie/Warsaw
67 x 97 cm

115
Walter Bangerter
Theaterplakat. Siebdruck
Affiche de théâtre. Sérigraphie
Theatre poster. Silk screen process
1967 Zürich/Zurich
90,5 x 128 cm

116
Walter Bangerter
Theaterplakat. Siebdruck
Affiche de théâtre. Sérigraphie
Theatre poster. Silk screen process
1968 Zürich/Zurich
90,5 x 128 cm

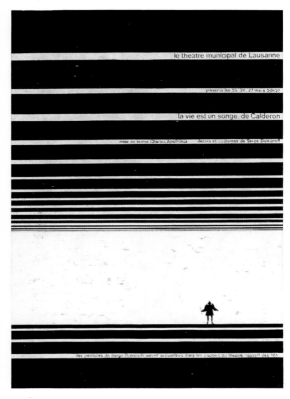

117
Aldo Poretti
Theaterplakat. Siebdruck, schwarz/rot
Affiche de théâtre. Sérigraphie, noir/rouge
Theatre poster. Silk screen process, black/red
1961 Lausanne
90 × 128 cm

118
Bronislaw Zelek
Filmplakat. Offsetdruck, schwarz
Affiche de cinéma. Impression offset, noir
Film poster. Offset printing, black
1965 Warschau/Varsovie/Warsaw
58,5 × 84 cm

119
Celestino Piatti
Theaterplakat
Offsetdruck + Lithografie, mehrfarbig
Affiche de théâtre
Impression offset + Lithographie, polychrome
Theatre poster
Offset printing + Lithography, multi-coloured
1969 Zürich/Zurich
90,5 × 128 cm

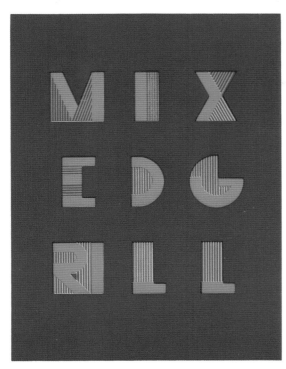

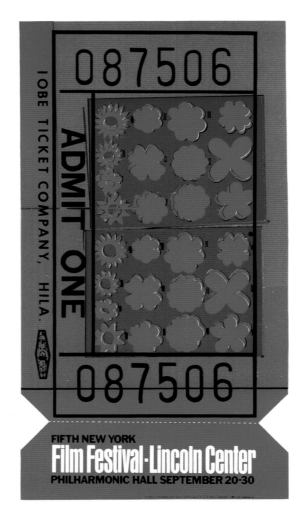

120
Crosby/Fletcher/Forbes
Plakat für ein Kaffeehaus. Siebdruck
Affiche pour un café. Sérigraphie
Poster for a coffee-house. Silk screen process
1968 London/Londres
75,5 × 101 cm

121
Andy Warhol
Plakat für ein Filmfestival. Siebdruck
Affiche pour un festival cinématographique
Sérigraphie
Poster for a film festival. Silk screen process
1967 New York
61 × 114,5 cm

122
Roy Lichtenstein
Jazzkonzertplakat. Siebdruck, lackiert
Affiche pour un concert de jazz. Sérigraphie, laqué
Poster for a jazz concert. Silk screen process, lacquered
1967 USA/États-Unis
66 × 102 cm

123
Roman Cieslewicz
Politisches Plakat. Siebdruck
Affiche politique. Sérigraphie
Political poster. Silk screen process
1969–1970 Paris
59 × 66 cm

124
Milton Glaser
Plakat für einen Popsänger. Offsetdruck
Affiche pour un chanteur pop. Impression offset
Poster for a pop-singer. Offset printing
1967 New York
55,8 × 83,5 cm

125
Comisión de Orientación Revolucionaria del CC.
Del PCC. Cuba: Olivio Martinez
Politisches Plakat. Siebdruck
Affiche politique. Sérigraphie
Political poster. Silk screen process
1970 Havanna/Havana/La Havane
40,5 × 73 cm

126
Organización de Solidaridad con los
Pueblos de Africa, Asia y América Latina:
Elena Serrano
Politisches Plakat. Offsetdruck
Affiche politique. Impression offset
Political poster. Offset printing
1968 Kuba/Cuba
38 × 58,2 cm

Das sachlich-informative Plakat

Bis zur Mitte des 19. Jahrhunderts dominierte die typografische Affiche. Das Bild hatte primär eine sachliche, den Text unterstützende und veranschaulichende Funktion. Die Illustration wollte den Vorgang oder Gegenstand möglichst faktengetreu darstellen. Nur die Rekrutierungsplakate (17. und 18. Jahrhundert) zeigten farbig oder schwarz-weiss Soldaten in tadellos sitzenden Uniformen bei der Parade oder in blend end sportlicher Haltung bei kriegerischen Ak mtionen. Der Text unterstrich das Bild noch. Damit war das moderne Plakat vorgezeichnet, das eine psychologische Wirkung bewusst provozieren will.

Die sachliche Abbildung verschwand von der Bildfläche, als die französischen Meister auf den Plan traten. Die faszinierenden Plakate Chérets, die vom Charme der im Bild erscheinenden jungen Damen und vom bis dahin ungewohnten künstlerischen Reiz lebten, drängten die sachliche Aussage in den Hintergrund. Ob die anmutigen, oft leicht frivolen Frauen für Seife oder Petroleum warben, machte erst der Text klar. Die sinnliche Atmosphäre und der Produktname ersetzen die Sache selbst.

Anfang des 20. Jahrhunderts sammelte sich ein Kreis begabter Künstler um die Berliner Druckerei Hollerbaum & Schmidt, unter ihnen Ernst Deutsch, Julius Klinger, Paul Scheurich, Lucian Bernhard, Hans Rudi Erdt und Julius Gipkens.

Bernhard entwickelte sich nach wenigen Jahren zum Schöpfer des Sachplakats. Er verzichtete auf die stimmungsvolle Illustrierung des Motivs und setzte an dessen Stelle den Gegenstand. Das Werbeobjekt steht gross im Bild, und kein überflüssiger Zierat beein-

trächtigt seine Wirkung. Selbst im Hintergrund fehlt jedes malerische Kolorit, er besteht in einem einzigen Farbton hinter dem Objekt und der Schrift. Der Gegenstand, im allgemeinen Licht, wirft keine Schatten. Obwohl sehr stark stilisiert, finden sich keine naturalistischen Details. Und obwohl die Farbe dem Objekt gemäss und gleichzeitig subjektiv nuanciert ist, erscheint es absolut real im Raum. Die Schrift, oft ein einziges Wort, die Warenmarke oder der Firmenname, gross und klar in der Form, setzte der Künstler in die Fläche. Der Gegenstand überschneidet den Schriftzug so geschickt, dass der Betrachter Motiv und Schriftzug zusammen wahrnehmen muss. Die Farben sind höchst raffiniert. Bernhard gelang durch sublimes Stilisieren, aber auch durch dezente Farbgebung eine optische Wertsteigerung der abgebildeten Ware. Neben Bernhard standen vor dem Ersten Weltkrieg Erdt und Gipkens in der vordersten Front der versachlichenden Plakatgestalter. Das Plakat Erdts für die Opel-Automobile gehört auch farblich zu den faszinierendsten Kreationen dieser Zeit. Gipkens verwirklichte das «Kaiser»-Kohlen-Plakat, dessen dynamischer Diagonalaufbau und dessen Farbskala sehr eindrucksvoll sind.

Ludwig Hohlwein, München, der grösste Plakatkünstler dieser Jahre, studierte seine Motive so gründlich, dass sie bei aller delikaten Farbgebung sachlich wirkten.

Deutsch, Buhe und Klinger steuerten zur selben Zeit einige gut komponierte Sachplakate bei. Das Plakat für Salamander-Schuhe von Deutsch, 1912 gemalt, ist eines der frühen Beispiele, das durch Addition derselben Figur einen rhythmischen Bewegungs-

vorgang optisch glaubhaft macht und einen lebhaften kinetischen Eindruck vermittelt.

Den konkret-faktischen Plakaten Bernhards, Gipkens' und Erdts gingen seit 1894 Diskussionen in Architektenkreisen voraus. Man setzte sich mit Problemen der industriellen Revolution, der maschinenerzeugten Produkte, der Baukunst als «reine Kunst der Nützlichkeit» und der Ingenieurkunst als Kunst der Zukunft auseinander. Otto Wagner, 1841–1918, Adolf Loos, 1870–1933, Louis Sullivan, 1850–1924, Frank Lloyd Wright, 1869–1959, Henry van de Velde, 1863–1957, und H. P. Berlage, 1856–1934, waren die stärksten Wortführer betont rationaler und zukunftsorientierter Denkweise.

Hermann Muthesius, 1861–1927, verfocht überzeugt Vernunft und Einfachheit in Bauen und Kunst auf deutschem Boden. 1901 forderte er «vollkommene und reine Zweckmässigkeit» sowie einen neuen Stil, den «Maschinenstil». Er wies auf Bahnhöfe, Ausstellungsbauten usw. hin und sagte dazu: «Wir bemerken eine strenge, man möchte sagen, wissenschaftliche Sachlichkeit ... Daher kann unsere Vorstellung künftigen Fortschritts nur in der Richtung strikter Sachlichkeit liegen und in der Beseitigung aller nur aufgeklebten Dekoration.»

«Sachlich» war die Zielsetzung des «neuen Stils», sein anerkannter Befürworter Muthesius. Er gründete 1907 mit Freunden den Deutschen Werkbund, um in ihm die besten Vertreter von Kunst, Handwerk und Handel zu versammeln. Das bedingte nicht nur ausgezeichnete, solide Werkarbeit und erstklassige Materialien, sondern auch die mit diesen Mitteln durchgeführte organische Idee sach-

licher, edler oder künstlerischer Gestaltung.
Bald schlossen sich diesem kompromisslosen
Gedanken deutsche Kunstschulen an.
So kamen zum Beispiel Henry van de Velde
als Direktor an die Kunstschule in Weimar,
Peter Behrens nach Düsseldorf, Josef Hoffmann
an die Wiener Kunstgewerbeschule.
Als Gropius das Deutsche Bauhaus 1919 er-
öffnete, betrachtete er sich als Nachfolger von
Ruskin und Morris. Er übernahm die Lehren
van de Veldes und die Forderungen wie Zielsetzungen des Deutschen Werkbundes.
Angeregt durch das deutsche Beispiel, grün-
deten Österreich (1910) und die Schweiz
(1913) ihre eigenen Werkbünde, England
1915 die Design and Industries Association,
und 1917 organisierte man den schwedischen
Slöjdsförening in einen Werkbund um.
Auch die Plakatgestalter konnten sich diesen Strömungen und Auseinandersetzungen
nicht entziehen.
In den zwanziger Jahren strebten freischaf-
fende Gestalter funktionell-sachliche Auf-
gabenlösungen an.
Tschichold übertrug die Forderungen des
Werkbundes und Bauhauses nach funktionaler
Sachlichkeit auf die Typografie, ihrem orna-
mentlosen, funktionell-dienenden Wesen gemäss die «funktionelle Typografie» genannt.
Wie Moholy-Nagy, 1895–1946, präzisierte,
ist die Typografie ein Instrument der Mitteilung, eine klare Mitteilung in der eindring-
lichsten Form.
Die Bauhaus-Typografie und -Grafik war auf
Ausdrucksökonomie und sachlich-klare Optik
bedacht. Starke Balken unterstützen die
Ordnung der typografischen Räume, und
starke Kontraste zwischen den Schriftgraden

erhöhten Übersichtlichkeit und Lesbarkeit.
Herbert Bayer argumentierte 1928: «Unter
'Werbesachen gestalten' ist nicht nur künst-
lerisch-geschmackvolles Entwerfen zu ver-
stehen; ... von einer wirklich sachlichen Be-
handlung kann nur dann die Rede sein, wenn
in der äusseren Erscheinungsform tiefere
Ursachen nachgewiesen werden können, das
heisst, dass vor und in der Gestaltung das
Wesentliche (der) Aufgabe erkannt (worden
ist).»
Gestalter wie Dexel, Geschwister Leistikow,
Stankowski, Schwitters, Molzahn, Arndt,
Canis, Burchartz in Deutschland, Teige,
Sutnar in Prag, in Holland Zwart, Schuitema
und Werkman, in der Schweiz Bill, Willimann,
Matter, Herdeg, Neuburg und Lohse, in
Russland El Lissitzky, Rodtschenko und
Altman, in Polen Berlewi, Stazéwski, Syrkus
und Zarnower eigneten sich die Überlegungen
der «funktionellen Typografie» an und ver-
vollständigten sie.
In den zwanziger Jahren fand die Fotografie
zum ersten Mal eine sachlich-informative
Aufgabe im Plakat. Pioniere wie Moholy-Nagy,
Heartfield, Hans Finsler erarbeiteten die
Grundlagen, auf denen die Fotografie immer
häufiger und perfekter die Funktion sachlicher,
objektivierter und informativer Vermittlung
von Situationen, Menschen und Objekten
übernahm.
Die nicht manipulierte Fotografie zeigt das
Bild der Wirklichkeit, den sachlichen Tat-
bestand. Menschen und Gegenstände sind
nachweisbar. Deshalb ist die sachliche Fotografie objektiv und informativ am glaubwür-
digsten und allen andern bildnerischen Dar-
stellungsmöglichkeiten überlegen.

In der Schweiz war Otto Baumberger, Zürich,
der erste und unübertroffene Meister des
sachlich-informativen Plakats. Seine Plakate
für das Hutgeschäft Baumann, 1919, und für
das Bekleidungsgeschäft PKZ, 1923, fesseln
mit der realistischen, raffinierten Darstellung
wie auch mit dem modernen Motivausschnitt.
Als hätte Baumberger die spätere Sachfoto-
grafie vorweggenommen. Selbst mit Hilfe der
Farbfotografie ist es unmöglich, den Mantel-
ausschnitt auf dem Plakat für PKZ wirklich-
keitsgetreuer, das heisst den Wollstoff stof-
figer und wolliger, das Futter seidiger und
weicher, die Farbe des Mantels echter erscheinen zu lassen.
Birkhäuser, Stöcklin, Bühler, Brun, Gauchat
und andere entwickelten das Sachplakat in
den dreissiger und vierziger Jahren mit illustrativen Mitteln weiter.
Nach dem Zweiten Weltkrieg hatte die
Schweiz einen entscheidenden Anteil an der
Weiterentwicklung der sachlich-informativen
Plakatkunst.
Ende der fünfziger Jahre erschien in Zürich
die von R. P. Lohse, J. Müller-Brockmann,
H. Neuburg und C. Vivarelli herausgegebene
und redigierte Zeitschrift «Neue Grafik». Sie
analysierte theoretisch und anhand praktischer Beispiele Bedeutung und Wirkung
sachlicher, funktioneller und informativer
Gestaltung.
Seither etablierte sich die sachlich-informative visuelle Kommunikation in Europa, Amerika, Kanada, zum Teil in Südamerika und
Japan. Junge Designer erkannten die wirt-
schaftliche und soziale Problematik in ihrer
ganzen Tragweite.

L'affiche informative

Jusqu'au milieu du XIXᵉ siècle, l'affiche typographique était prédominante. L'image était simplement associée au texte, qu'elle soulignait et illustrait. L'illustration devait représenter le fait ou l'objet avec un maximum d'objectivité. Seules les affiches destinées au recrutement dans l'armée (XVIIᵉ et XVIIIᵉ siècles) montraient, en couleurs ou en noir et blanc, des soldats en uniformes impeccables paradant ou affectant une attitude sportive lors d'une intervention armée. Le texte venait renforcer l'impact de l'image. Cette manière délibérée d'exercer une influence d'ordre psychologique était un premier pas vers l'affiche moderne.

La reproduction objective disparut avec l'entrée en scène des maîtres français. Les superbes affiches de Chéret, avec leurs jeunes femmes charmantes au pouvoir de séduction artistique inconnu jusqu'alors, reléguaient à l'arrière-plan le message objectif. Si l'on voulait savoir ce que proposaient ces gracieuses beautés un peu frivoles – savon ou paraffine –, il fallait lire le texte. L'ambiance suggestive et le nom du produit se substituaient à l'objet lui-même.

Au début du XXᵉ siècle, des artistes de talent travaillèrent avec l'imprimerie berlinoise Hollerbaum & Schmidt ; parmi eux figuraient Ernst Deustch, Julius Klinger, Paul Scheurich, Lucian Bernhard, Hans Rudi Erdt et Julius Gipkens.

En quelques années seulement, Bernhard devint le créateur type de l'affiche objective. Renonçant à l'ambiance stimulante et suggestive, il plaça l'objet au centre, en grand format, et renonça à tout effet décoratif inutile.

Dans ses affiches, même l'arrière-plan, traité de façon monochrome, est privé d'effet pictural. L'objet, éclairé normalement, n'a pas d'ombre.

Il est très stylisé et tout détail naturaliste a disparu. Bien que la couleur soit choisie en fonction de l'objet, et en même temps de manière subjective, le produit apparaît néanmoins dans l'espace dans sa pleine réalité. Le texte, souvent ramené à la seule marque ou raison sociale, apparaît dans la surface en grands caractères très visibles. L'objet et le texte sont habilement imbriqués, de façon à être perçus simultanément. Les couleurs sont choisies avec un grand raffinement. Grâce à une stylisation subtile et à des couleurs discrètes, Bernhard parvenait à donner visuellement plus de valeur à l'objet présenté. Cet artiste était un graphiste publicitaire très au fait des réalités et des exigences d'avenir d'une entreprise industrielle moderne et il cherchait à leur donner une nouvelle forme d'expression.

Avant la Première Guerre mondiale, Erdt et Gipkens figuraient aussi parmi au premier rang des affichistes « objectifs ». L'affiche réalisée par Erdt pour les voitures Opel est incontestablement l'une des meilleures créations de cette époque, à cause surtout des coloris. L'affiche de Gipkens pour le charbon Kaiser possède une structure dynamique en diagonale et une gamme de couleurs très impressionnante. Ludwig Hohlwein (Munich), véritable maître de l'affiche, étudiait ses motifs de façon à leur donner la plus grande objectivité possible, malgré l'emploi de couleurs délicates. Deutsche, Buhe et Klinger composèrent à la même époque plusieurs affiches objectives de bonne facture. L'affiche de Deutsch pour les chaussures Salamander (1912) produit une forte impression cinétique : il s'agit de l'une des premières tentatives pour rendre de

manière visuelle un mouvement rythmique grâce à la répétition d'un même motif.

Les affiches de Bernhard, Gipkens et Erdt, fondées sur des éléments concrets, avaient été précédées, dès 1894, par des débats d'architectes concernant la révolution industrielle, les produits manufacturés, l'architecture envisagée comme « art purement utilitaire » et les réalisations des ingénieurs considérées comme l'art de l'avenir. Otto Wagner (1841-1918), Adolf Loos (1870-1930), Louis Sullivan (1850-1924), Frank Lloyd Wright (1869-1959), Henry Van de Velde (1863-1957) et H. P. Berlage (1856-1934) étaient les grands protagonistes de cette orientation rationnelle et progressiste.

Hermann Muthesius (1861-1927) était un grand partisan de la rationalité et de la simplicité dans l'art et l'architecture en Allemagne. En 1901, il prôna un « fonctionnalisme intégral » ainsi qu'un nouveau style, le « style machiniste ». Parlant des gares, des bâtiments d'exposition, etc., il proclama : « Nous constatons une objectivité rigoureuse, quasi scientifique [...]. Il en découle que notre conception de l'avenir doit aller dans le sens d'une stricte objectivité et de la suppression de tout fatras décoratif. »

L'« objectivité » constituait le but ultime du « nouveau style », dont Muthesius était le représentant unanimement reconnu. En 1907, il avait fondé avec des amis le Deutscher Werkbund, afin de rassembler les figures les plus représentatives de l'art, de l'artisanat et du commerce. Le but était non seulement de produire un travail de grande qualité avec des matériaux de premier ordre, mais aussi de mettre en œuvre une conception vivante, qui à l'aide de ces moyens, permettait une réalisation objective, rationnelle ou artistique. Très vite, des écoles d'art allemandes se rallièrent à cette idée, qui ne laissait place à aucun compromis.

C'est ainsi qu'Henry Van de Velde prit la direction de la Kunstschule de Weimar, Peter Behrens celle de la Kunstschule de Düsseldorf et Josef Hoffmann celle la Kunstgewerbeschule de Vienne.

Lorsque Gropius inaugura le Bauhaus en 1919, il se considérait comme le successeur de Ruskin et de Morris. Il reprit à son compte les enseignements de Van de Velde, ainsi que les exigences et les objectifs du Deutscher Werkbund.

À l'instar de l'Allemagne, des Werkbund virent le jour en Autriche (en 1910) et en Suisse (en 1913). En Angleterre fut créée, en 1915, la Design and Industries Association et, en 1917, la Slöjdsförening suédoise fut transformée en un « Werkbund ».

Toutes ces tendances et ces débats ne manquèrent pas d'influencer aussi les créateurs d'affiches. Dans les années 1920, plusieurs affichistes indépendants étaient à la recherche de procédés objectifs fonctionnels. Tschichold appliqua les principes du Werkbund et du Bauhaus à la typographie. La « typographie fonctionnelle », rejetant tout effet ornemental, était entièrement centrée sur l'aspect fonctionnel. Selon Moholy-Nagy (1895-1946), la typographie était l'instrument d'une communication claire dans une forme la plus convaincante possible.

La typographie et le graphisme du Bauhaus exprimaient une « économie d'expression » et une optique claire et objective. Des pleins accentués soulignaient l'ordonnance des espaces typographiques et les contrastes prononcés entre les corps de caractères amélioraient la lisibilité et la perception d'ensemble. Herbert Bayer écrivit en 1928 : « La conception de moyens publicitaires ne consiste pas seulement en une création artistique de bon goût [...] une conception ne saurait être considérée comme véritablement objective que dans la mesure où la forme d'expression extérieure a des causes profondes. Cela signifie qu'avant et au cours de la conception, l'essence même du problème ait été saisie ».

Des artistes comme Dexel, les frères Leistikow, Stankowski, Schwitters, Molzahn, Arndt, Canis, Burchartz en Allemagne, Teige, Sutnar à Prague, Zwart, Schuitema et Werkman aux Pays-Bas, Bill, Willimann, Matter, Herdeg, Neuburg et Lohse en Suisse, El Lissitzky, Rodtchenko et Altman en Russie soviétique, Berlewi, Stazewski, Syrkus et Zarnower en Pologne s'approprièrent les considérations relatives à la « typographie fonctionnelle » et les complétèrent.

Dans les années 1920, un rôle d'information objective dans l'affiche fut pour la première fois assigné à la photographie. Des pionniers comme Moholy-Nagy, Heartfield, Hans Finsler jetèrent les bases permettant de donner à la photographie une fonction de plus en plus importante en tant que moyen de communication objectif et informatif, qu'il s'agisse d'une situation particulière, de personnes ou d'objets. La photographie non retravaillée donne une image de la réalité, de situations, de personnes ou d'objets existant réellement. Ce moyen objectif et informatif semble de ce fait particulièrement digne de foi et de loin supérieur à tout autre moyen d'expression pictural.

En Suisse, Otto Baumberger, à Zurich, fut le premier maître de l'affiche informative. Les superbes affiches qu'il réalisa pour la chapellerie Baumann en 1919 et pour le magasin de confection PKZ en 1923 sont remarquables par leur représentation réaliste et raffinée, ainsi que par la facture moderne du motif. Dans une certaine mesure, Baumberger préfigurait la photographie objective des années suivantes. Une photographie en couleurs du manteau présent dans l'affiche réalisée pour PKZ, avec son étoffe laineuse et moelleuse, sa doublure soyeuse et douce et l'excellent rendu des couleurs, n'aurait pas été plus réaliste. Dans les années 1930 et 1940, Birkhäuser, Stöcklin, Bühler, Brun et Gauchat perfectionnèrent encore l'affiche objective utilisant des moyens illustratifs.

Vers la fin des années 1950, R. P. Lohse, J. Müller-Brockmann, H. Neuburg et C. Vivarelli rédigèrent et publièrent à Zurich la revue *Neue Grafik*, qui analysait, sur un plan théorique et avec des exemples concrets, le rôle et l'influence de la création objective, fonctionnelle et informative. La communication d'informations visuelles objectives s'est depuis lors établie en Europe, aux États-Unis, au Canada et, en partie, en Amérique latine et au Japon. De nombreux jeunes créateurs ont reconnu l'importance du rôle joué par les problèmes économiques et sociaux dans le domaine de l'esthétique industrielle.

The objective-informative poster

Until the middle of the nineteenth century the typographical notice was predominant, and any picture had the sole function of supporting and illustrating the text. The illustration was there to represent the process or object as realistically as possible. Even into the seventeenth and eighteenth centuries, the only examples to accentuate an image were recruiting posters. These showed troops – whether in colour or black and white – in perfectly fitting uniforms on parade, or in a sporting attitude during a military action. In these cases the text was emphasized by the picture, and this was the beginning of the modern poster, which consciously wants to provoke a psychological effect.

The objective image faded from the scene altogether with the appearance of the French masters. Chéret's fascinating posters, which were successful because of the charm of the young women appearing in the picture as well as the new level of artistry, pushed the objective message into the background. Only the text made it clear whether the graceful, often slightly frivolous, women were advertising soap or paraffin. The sensual atmosphere and the name of the product had replaced the product itself.

At the beginning of the twentieth century, however, a circle of gifted artists gathered around Hollerbaum & Schmidt, the Berlin printers. Among them were Ernst Deutsch, Julius Klinger, Paul Scheurich, Lucian Bernhard, Hans Rudi Erdt and Julius Gipkens. After a few years, Bernhard developed into the creator of the objective poster. He renounced emotion in the illustration of the motif, and put the object back in its place. The advertised article was large in the picture, without any superfluous decoration to impair its effect. There was no decorative colouring – even in the background, which often consisted of one single shade behind the object and the text – but the colours were extremely skilfully selected. The object, seen in a uniform light, did not throw any shadows and was very stylized, with no details picked out. Although the colour was chosen according to the object as well as subjectively, it appeared absolutely real in space. The lettering, often one single word – the brand of goods or the name of the firm – was displayed large and clearly in the space, or alternatively overlapped the object so cleverly that the viewer registered motif and text together. Bernhard succeeded in giving the illustrated product a greater visual impact by sublime stylization as well as by the choice of colouring. He was consciously an 'advertising artist', who foresaw the developments of, and searched for an expression for, modern industrial activity. Before the First World War, in addition to Bernhard, Erdt and Gipkens were also in the front rank of designers of objective posters. Erdt's poster for Opel cars is one of the most fascinating creations of this time, especially from the point of view of colour. Gipkens created the 'Kaiser Coal' poster, with a dynamic diagonal construction and a very impressive range of colours. Ludwig Hohlwein of Munich, the greatest poster designer during these years, studied his motifs so thoroughly that they had an objective effect even with the most delicate colouring. Deutsch, Buhe and Klinger also contributed some well-composed objective posters in this period. The poster for Salamander shoes, designed by Deutsch in 1912, is one of the earliest examples showing that repetition of the same figure makes a rhythmical movement that is optically credible, and produces a realistic kinetic effect. From 1894 onwards, the concrete-factual posters of Bernhard, Gipkens and Erdt also prefigured discussions in artistic circles. The artistic community concerned itself with problems of the Industrial Revolution, machine-produced goods, the concept of architecture as a 'pure utility art', and engineering as the art of the future. Otto Wagner (1841–1918), Adolf Loos (1870–1933), Louis Sullivan (1850–1924), Frank Lloyd Wright (1869–1959), Henry van de Velde and H. P. Berlage (1856–1934), were the most powerful spokesmen in favour of a rational way of thinking directed towards the future. Within Germany, Hermann Muthesius (1861–1927), convincingly defended reason and simplicity in both building and art. In 1901 he demanded 'complete and pure functionalism' as well as a new style, the 'machine style'. Referring to railway stations, exhibition halls and other major new building types, he said; 'We notice a severe, one might almost say a scientific objectivity ... Our vision of future progress can therefore only lie in the direction of strict objectivity and in the elimination of all applied decoration'.

'Objective' was the aim of the 'new style' and Muthesius was its acknowledged advocate. Together with friends, he founded the German 'Werkbund' in order to bring together the best representatives of art, crafts and trade. That meant not only excellent, solid work and first-class materials but also that objective, rational or artistic designs were carried out with these means.

German schools of art were in agreement with these ideas, which at the time allowed no compromise. So, for example, Henry van de Velde became Director of the Weimar School of Art, Peter Behrens of the one at Düsseldorf and Josef Hoffman of the Vienna School of Fine Arts. When Gropius opened the German 'Bauhaus' in 1919, he considered himself a successor to Ruskin and Morris. He accepted the teaching of Van de Velde, and the demands and the aims of the German Werkbund. Stimulated by the German example, Austria (1910) and Switzerland (1913) established their own associations. The Design and Industries Association was founded in England in 1915 and the Swedish 'Slöjdsförening' was reorganized as a similar type of association in 1917.

Poster designers could not avoid these currents and discussions, and from the 1920s onward, tried to achieve a functional, objective solution to their own tasks. Tschichold transferred to typography the demands of the Werkbund and the Bauhaus for functional objectivity as far as lack of ornament and a functional form was concerned. He termed this 'functional typography'. As Moholy-Nagy (1895–1946), stated: 'Typography is an instrument of communication; clear communication in the most forceful form.' Bauhaus typography and graphic design were based on economy of expression and objective, clear visuals. In an architectural analogy, strong 'beams' were deemed essential to 'support' the arrangement of space within graphic designs, and a vigorous contrast between the types of print increased clarity and legibility. In 1928,

Herbert Bayer said: 'In designing advertising material we must not only think of an artistic and tasteful design. Really objective treatment can only be spoken of when deeper motives can be discerned in the external form. This means that the essential point of the task must be recognized before and in the designing'. Designers like Dexel, the Leistikows, Stankowski, Schwitters, Molzahn, Arndt, Canis, Burchartz in Germany; Teige and Sutnar in Prague; Zwart Schuitema and Werkman in Holland; Bill, Willimann, Matter, Herdeg, Neuburg and Lohse in Switzerland; El Lissitzky, Rodchenko and Altman in Russia; and Berlewi, Stazéwski, Sykrus and Zarnower in Poland, adapted the ideas of 'functional typography' and perfected them. In the 1920s, photography found an objective-informative role in posters for the first time. Pioneers such as Moholy-Nagy, Heartfield and Hans Finsler worked out the fundamental principles according to which photography, more and more frequently and skilfully, took over the objective, impartial and informative communication of situations, people and objects. It was taken for granted that an untouched photograph showed a picture of reality, the actual facts. People and objects in them were, on the whole, verifiable. For this reason factual photography was regarded at this time as the most authentic medium – objective and informative – and as superior to all other possibilities of graphic representation.

In Switzerland, Otto Baumberger of Zurich was the first, and remains the unsurpassed, master of the objective-informative poster. His posters for Baumann's the hatters (1919), and for PKZ the menswear shop (1923), are arresting

because of their realistic, skilful representation and the modern form of their motif. It is as though Baumberger anticipated objective photography in his designs: even with the help of subsequent colour photography, it is impossible to make the cut-out of the coat on the PKZ poster more realistic, i.e. to improve on the texture of the woollen material, to make the lining silkier and softer or the colour of the coat seem more authentic. Birkhäuser, Stöcklin, Bühler, Brun, Gauchat and others continued to develop the objective poster using illustrative means in the 1930s and 1940s. After the Second World War, Switzerland played a decisive part in the further development of objective-informative poster art. At the end of the 1950s, the journal *Neue Grafik*, published and edited by R. P. Lohse, Josef Müller-Brockmann, Hans Neuburg and Carlo Vivarelli appeared in Zurich. It analysed, theoretically and with the aid of practical examples, the importance and effect of objective, functional and informative design. Since then, objective-informative visual communication has established itself in Europe, the United States, Canada and, to some extent, in South America and Japan.

127
Lucian Bernhard
Plakat für eine Schuhmarke. Lithografie
Affiche pour une marque de chaussures. Lithographie
Poster for a make of shoes. Lithography
1912 Berlin
94,5 x 68,5 cm

128
Ludwig Hohlwein
Plakat für ein Konfektionsgeschäft
Lithografie
Affiche pour un magasin de
confection. Lithographie
Poster for a ready-made clothes shop
Lithography
1908 Zürich/Zurich
93 × 123 cm

129
Julius Klinger
Theaterplakat. Lithografie
Affiche de théâtre. Lithographie
Theatre poster. Lithography
1908 Berlin
95 × 70,5 cm

130
K. G. Richter
Plakat für eine Pneumarke. Lithografie
Affiche pour une marque de pneus. Lithographie
Poster for a make of tyres. Lithography
1908 Berlin
93,4 × 70 cm

131
Karl Schulpig
Plakat für eine Pianomarke. Lithografie
Affiche pour une marque de piano. Lithographie
Poster for a make of piano. Lithography
ca./environ/about 1910 Berlin
48 × 70 cm

132
Hans Rudi Erdt
Plakat für eine Automobilmarke. Lithografie
Affiche pour une marque d'automobile. Lithographie
Poster for a make of car. Lithography
1911 Berlin
96 × 69,5 cm

133
Julius Gipkens
Plakat für eine Kohlenmarke. Lithografie
Affiche pour une marque de charbon. Lithographie
Poster for a make of coal. Lithography
1913 Berlin
95 x 70 cm

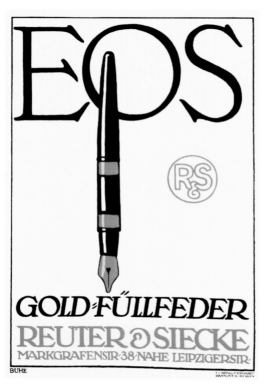

134
Lucian Bernhard
Plakat für eine Zigarettenmarke. Lithografie
Affiche pour une marque de cigarettes. Lithographie
Poster for a make of cigarettes. Lithography
1915 Berlin
93,6 × 69,6 cm

135
Walter Buhe
Plakat für eine Füllfedermarke. Lithografie
Affiche pour une marque de stylographe
Lithographie
Poster for a make of fountain-pen. Lithography
1910 Hanovre-Berlin/Hannover-Berlin
47 × 69,5 cm

136
Ernst Keller
Plakat für ein Kaufhaus: Jelmoli gut und billig
Lithografie, dunkelgrau auf hellbraunem Papier
Affiche pour un grand magasin :
Jelmoli bon et peu cher
Lithographie, gris foncé sur papier brun clair
Poster for a store: Jelmoli good and cheap
Lithography, dark-grey on light brown paper
1924 Zürich/Zurich
70 x 99,7 cm

137
Otto Baumberger
Plakat für ein Konfektionsgeschäft
Lithografie
Affiche pour un magasin de confection
Lithographie
Poster for a ready-made clothes shop
Lithography
1923 Zürich/Zurich
90,5 × 128 cm

138
Otto Baumberger
Plakat für ein Hutgeschäft. Lithografie
Affiche pour une chapellerie. Lithographie
Poster for a hatter's shop. Lithography
1922 Zürich/Zurich
90,5 x 128 cm

139
Ernst Keller
Ausstellungsplakat: Das Neue Heim. Lithografie
Affiche d'exposition : Le nouveau chez-soi
Lithographie
Exhibition poster: The new home. Lithography
1926 Zürich/Zurich
90 x 127,5 cm

140
Heiri Steiner
Ausstellungsplakat. Lithografie, dunkelgrau
Affiche d'exposition. Lithographie, gris foncé
Exhibition poster. Lithography, dark grey
1928 Zürich/Zurich
91,5 x 68,5 cm

ANHALTISCHER
KUNSTVEREIN
JOHANNISSTR. 13

GEMÄLDE AQUARELLE

KANDINSKY

JUBILÄUMS-AUSSTELLUNG

60.
GEBURTSTAG

Geöffnet:	Wochentags: 2 - 5 nachm.
	Mittwoch u. Sonntag 11 - 1
Eintritt:	Mitglieder: Frei
	Nichtmitglieder: 50 Pfg.

141
Herbert Bayer
Ausstellungsplakat. Buchdruck
Affiche d'exposition. Typographie
Exhibition poster. Letterpress printing
1926 Dessau
64,6 × 47,7 cm

142
Herbert Bayer
Vortragsplakat. Buchdruck
Affiche pour une conférence. Typographie
Poster for a lecture. Letterpress printing
1926 Dessau
64,7 x 48,3 cm

143
Mart Stam
Ausstellungsplakat. Buchdruck
Affiche d'exposition. Typographie
Exhibition poster. Letterpress printing
1928 Rotterdam
65 x 100 cm

144
Walter Dexel
Ausstellungsplakat. Linolschnitt, schwarz
Affiche d'exposition. Gravure sur linoléum, noir
Exhibition poster. Lino cut, black
1929 Magdeburg
59,4 x 84 cm

145
Max Burchartz
Plakat für Schubertfeier. Buchdruck
Affiche pour un festival Schubert. Typographie
Poster for a Schubert festival. Letterpress printing
1928 Essen
83 x 59,5 cm

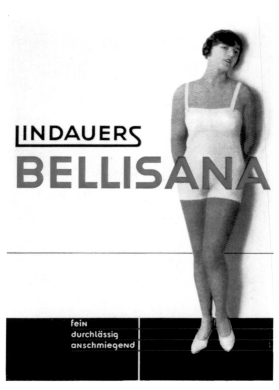

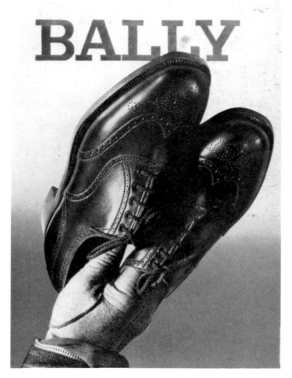

146
Jan Tschichold
Plakat für eine Unterwäschemarke
Lithografie, schwarz/silber/blau
Affiche pour une marque de lingerie
Lithographie, noir/argent/bleu
Poster for a make of underwear
Lithography, black/silver/blue
1930 München/Munich
29,5 x 42 cm

147
Peter Birkhäuser
Plakat für ein Konfektionsgeschäft
Lithografie, mehrfarbig
Affiche pour un magasin de confection
Lithographie, polychrome
Poster for a ready-made clothes shop
Lithography, multi-coloured
1934 Zürich/Zurich
90,5 x 128 cm

148
Heinrich Steiner
Plakat für Schuhe. Tiefdruck, blau/braun/schwarz
Affiche pour souliers. Impression en creux
bleu/brun/noir
Poster for shoes. Intaglio, blue/brown/black
Fotografie/Photographie/Photography: Ernst Heiniger
1936 Zürich/Zurich
90,5 x 128 cm

149
Herbert Matter
Touristisches Plakat. Tiefdruck, mehrfarbig
Affiche touristique. Impression en creux polychrome
Tourist poster. Intaglio, multi-coloured
1936 Luzern/Lucerne
63 × 102 cm

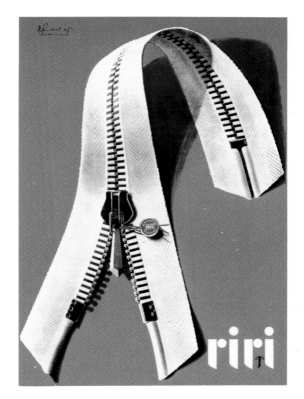

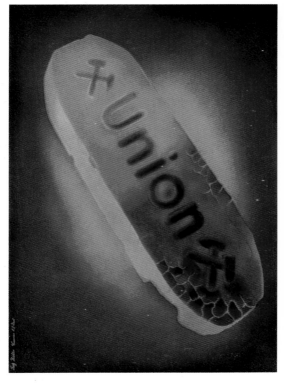

150
Herbert Matter
Touristisches Plakat. Tiefdruck
Affiche touristique. Impression en creux
Tourist poster. Intaglio
1935 Zürich/Zurich
64 x 101 cm

151
Pierre Gauchat
Plakat für eine Reissverschlussmarke. Offsetdruck
Affiche pour une marque de fermeture Éclair
Impression offset
Poster for a make of zipper. Offset printing
1945 Zürich/Zurich
90 x 128 cm

152
Fritz Bühler
Plakat für eine Kohlenmarke. Lithografie
Affiche pour une marque de charbon. Lithographie
Poster for a make of coal. Lithography
1943 Basel/Bâle/Basle
89,8 x 127 cm

153
Hans Neuburg
Aktionsplakat. Tiefdruck
Affiche publicitiare. Impression en creux
Campaign poster. Intaglio
1944 Genf/Genève/Geneva
89,8 × 129,6 cm

154
Carlo Vivarelli
Aktionsplakat: Für das Alter
Fotochrom, schwarz/hellbraun
Affiche publicitaire : Pour la vieillesse
Lithographie photochromatique
noir/brun clair
Campaign poster: For old age
Photochrome, black/light brown
Fotografie/Photographie/Photography:
Werner Bischof
1949 Zürich/Zurich
90 x 128 cm

155
Hans Erni
Plakat für Bahntransport
Lithografie, mehrfarbig
Affiche pour le transport ferroviaire
Lithographie, polychrome
Poster for railway transport
Lithography, multi-coloured
1942 Zürich/Zurich
91 × 128 cm

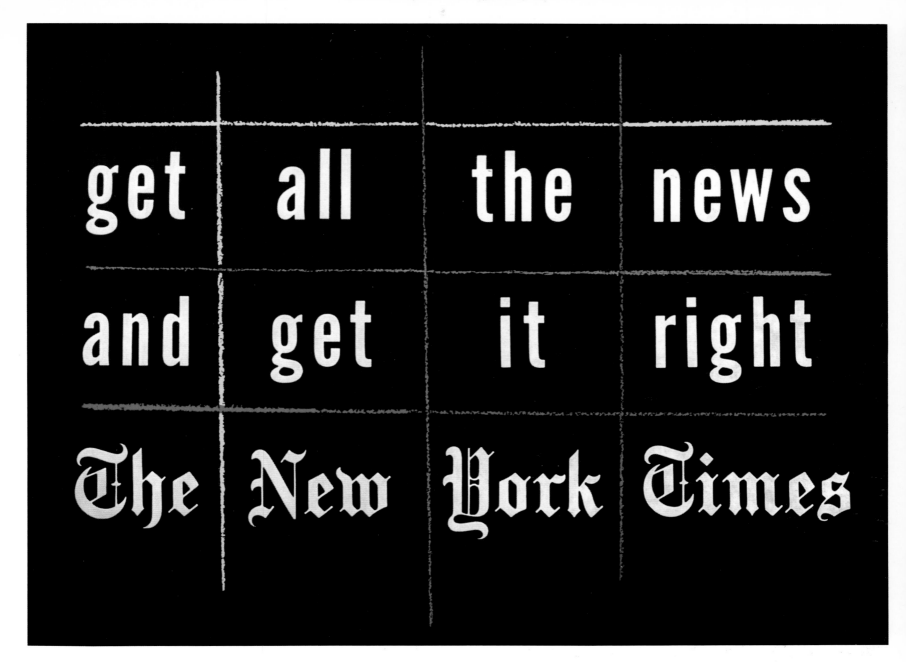

156
Kenneth D. Haak
Zeitungsplakat. Lithografie
Affiche de journal. Lithographie
Newspaper poster. Lithography
1951 New York
152 × 114,5 cm

157
Josef Müller-Brockmann
Plakat für Traubensaft. Offsetdruck, mehrfarbig
Affiche pour un jus de raisin
Impression offset, polychrome
Poster for grape-juice. Offset printing, multi-coloured
1952-3 Zürich/Zurich
90,5 x 128 cm

158
Josef Müller-Brockmann
Aktionsplakat: Schützt das Kind! Offsetdruck
Affiche publicitaire : Protégez l'enfant ! Impression offset
Campaign poster: Protect the child! Offset printing
1953 Zürich/Zurich
90,5 x 128 cm

159
Josef Müller-Brockmann
Aktionsplakat: Weniger Lärm. Offsetdruck
Affiche publicitaire : Moins de bruit
Impression offset
Campaign poster: Less noise. Offset printing
1960 Zürich/Zurich
90 × 128 cm

Kunstgewerbemuseum Zürich
Ausstellung

deFilm

10. Januar bis 30. April 1960

Offen: Montag 14-18, 20-22
Dienstag-Freitag 10-12, 14-18, 20-22
Samstag-Sonntag 10-12, 14-17

160
Josef Müller-Brockmann
Ausstellungsplakat. Offsetdruck
Affiche d'exposition. Impression offset
Exhibition poster. Offset printing
1959 Zürich/Zurich
90,5 × 128 cm

161
Gérard Ifert
Ausstellungsplakat. Offsetdruck, schwarz
Affiche d'exposition. Impression offset, noir
Exhibition poster. Offset printing, black
1956 Paris
30 x 60 cm

162
Josef Müller-Brockmann
Ausstellungsplakat. Offsetdruck
Affiche d'exposition. Impression offset
Exhibition poster. Offset printing
1958 Zürich/Zurich
70 x 100 cm

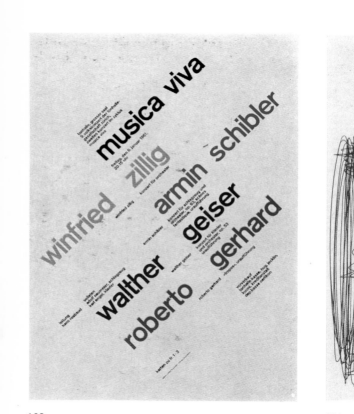

163
Josef Müller-Brockmann
Konzertplakat. Buchdruck
Affiche de concert. Typographie
Concert poster. Letterpress printing
1960 Zürich/Zurich
90,5 × 128 cm

164
Werbeagentur Advico/Agence de publicité Advico
Advertising office Advico: Ruedi Kuelling
Plakat für Kugelschreiber. Offsetdruck
Affiche pour un stylo à bille. Impression offset
Poster for ball-pen. Offset printing
1961 Zürich/Zurich
90,5 × 128 cm

165
Fridolin Müller
Plakat für Alkohol. Offsetdruck
Affiche pour un alcool. Impression offset
Poster for alcohol. Offset printing
1959 Zürich/Zurich
90,5 × 128 cm

166
Pierre Monnerat
Plakat für einen Aperitif. Offsetdruck
Affiche pour un apéritif. Impression offset
Poster for an aperitif. Offset printing
Ca./environ/about 1960 Lausanne
90,5 × 128 cm

167
Richard P. Lohse
Ausstellungsplakat. Offsetdruck
Affiche d'exposition. Impression offset
Exhibition poster. Offset printing
Fotografie/Photographie/Photography:
Marlene Gruber
1962 Zürich/Zurich
90,5 × 128 cm

Stadttheater Zürich
The New York City Ballet

L. Leonidoff
presents
in association with
The International Cultural Program of the
United States
administered by
The American National Theatre and Academy
(ANTA)
The New York City Ballet
Artistic Director: George Balanchine
General Director: Lincoln Kirstein
Associate Artistic Director: Jerome Robbins
Principal Conductor: Robert Irving
Associate Conductor: Hugo Fiorato
Ballet Master: John Taras

11.–15. September

1. Programm
11. September 20.00 Uhr
12. September 14.30 Uhr' und 20.00 Uhr
Walzer und Variationen, Musik: A. Glasunow
Agon, Musik: Igor Strawinsky
Allegro Brillante, Musik: Peter I. Tschaikowsky
La Valse, Musik: Maurice Ravel

2. Programm
13. September 20.00 Uhr
15. September 14.30 Uhr
Liebeslieder-Walzer, Musik: Johannes Brahms
Apollo, Musik: Igor Strawinsky
Symphonie in C, Musik: Georges Bizet

3. Programm
14. September 20.00 Uhr
15. September 20.00 Uhr
Creation of the World, Musik: Darius Milhaud
Prodigal Son, Musik: Serge Prokofieff
Episodes, Musik: Anton Webern
Western Symphony, Musik: Hershy Kay

'Vorstellung für Legikarten-Inhaber und
Jugendliche bis zu 20 Jahren

168
Atelier Müller-Brockmann:
Peter Andermatt
Theaterplakat. Siebdruck
blau/weiss auf schwarzem Papier
Affiche de théâtre. Sérigraphie
bleu/blanc sur papier noir
Theatre poster. Silk screen process
blue/white on black paper
1962 Zürich/Zurich
90,5 x 128 cm

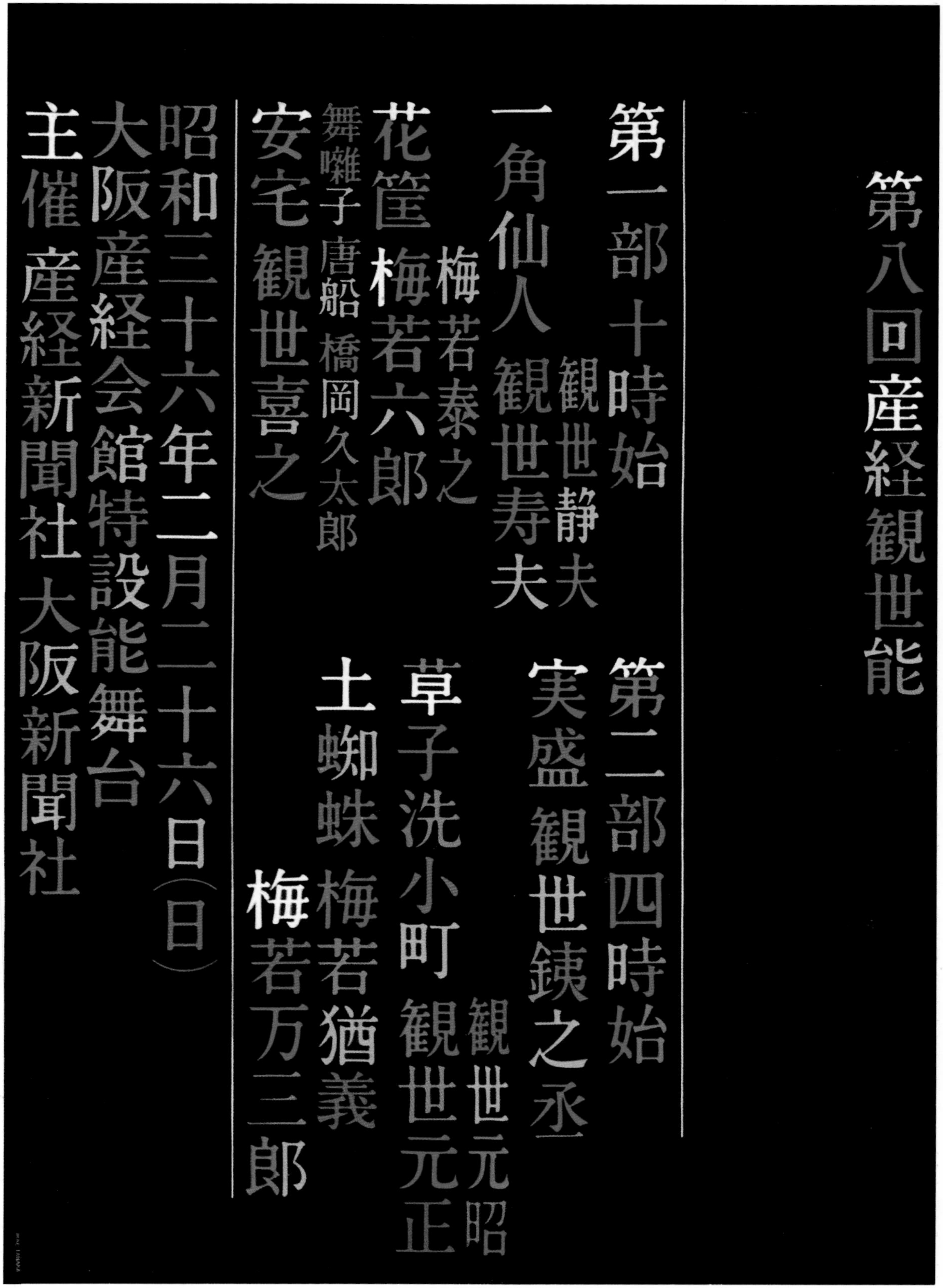

169
Ikko Tanaka
Theaterplakat. Siebdruck
Affiche de théâtre. Sérigraphie
Theatre poster. Silk screen process
1962 Tokio/Tokyo
73 x 103,5 cm

170
Yusaku Kamekura
Olympiadeplakat. Offsetdruck
Affiche olympique. Impression offset
Olympic Games' poster. Offset printing
Fotografie/Photographie/Photography:
Jo Murakoshi, Osamu Hayasaki
1964 Tokio/Tokyo
72,4 × 103,2 cm

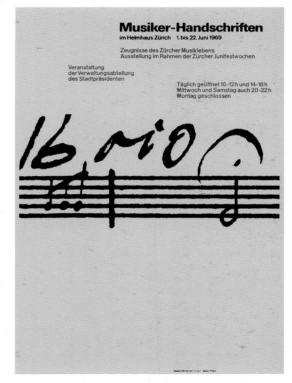

171
Josef Müller-Brockmann
Konzertplakat. Buchdruck
Affiche de concert. Typographie
Concert poster. Letterpress printing
1964 Zürich/Zurich
90,5 x 128 cm

172
Josef Müller-Brockmann
Konzertplakat. Linolschnitt + Buchdruck
Affiche de concert
Gravure sur linoléum + typographie
Concert poster. Lino cut + letterpress printing
1968 Zürich/Zurich
90,5 x 128 cm

173
Müller-Brockmann & Co.: Ruedi Ruegg
Ausstellungsplakat
Siebdruck, rot/schwarz/beige
Affiche d'exposition
Sérigraphie, rouge/noir/beige
Exhibition poster
Silk screen process, red/black/beige
1969 Zürich/Zurich
90,5 x 128 cm

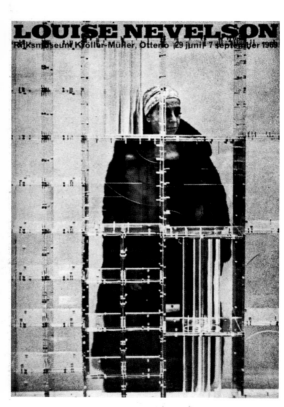

174
Pieter Brattinga
Ausstellungsplakat. Offsetdruck, schwarz
Affiche d'exposition. Impression offset, noir
Exhbition poster. Offset printing, black
Fotografie/Photographie/Photography: Luc Joubert
1969 Hilversum, Holland/Pays-Bas/Netherlands
47,8 x 69,7 cm

175
Werbeagentur Advico/Agence de publicité Advico/
Advertising office Advico: Roland Bärtsch
Plakat für eine Weinmarke. Offsetdruck, mehrfarbig
Affiche pour un vin. Impression offset, polychrome
Poster for a make of wine. Offset printing, multi-coloured
1963 Zürich/Zurich
69,7 x 99,7 cm

176
Georges Calame Claude Dupraz Designers
Associates:
Georges Calame
Plakat für eine Weinmarke. Offsetdruck, mehrfarbig
Affiche pour un vin.
Impression offset, polychrome
Poster for a make of wine
Offset printing, multi-coloured
Fotografie/Photographie/Photography: André Halter
1970 Lausanne
90,3 x 127,8 cm

v
mu s i ca
v
a

musica viva-konzert

donnerstag, 8. januar 1970
20.15 uhr
grosser tonhallesaal

12. sinfoniekonzert
der
tonhalle-gesellschaft zürich

leitung   klaus huber
charles dutoit

solist   györgy ligeti
karl engel   igor strawinsky
klavier

tonhalle-   klaus huber
orchester

«tenebrae»
für grosses orchester
1966-67
«atmosphères»
konzert
für klavier, blasinstrumente,
kontrabässe und pauke
«tenebrae»
wiederholung

karten zu fr 1.- bis fr 5.-

tonhallekasse hug, jecklin kuoni
filiale oerlikon schweiz kreditanstalt

entwurf: müller-brockmann · druck bollmann zürich

177
Josef Müller-Brockmann
Konzertplakat. Siebdruck, blau/grün/gelb
Affiche de concert
Sérigraphie, bleu/vert/jaune
Concert poster
Silk screen process, blue/green/yellow
1969 Zürich/Zurich
90,5 × 128 cm

Das konstruktive Plakat

Das konstruktive Prinzip ist die harmonische, spannungsgeladene Gliederung der Flächen und Räume. Zwischen allen Teilen bestehen lineare und proportionale Zusammenhänge, jeder Teil ist integriert ins Ganze, die Gliederung das optimale funktionelle Ordnungssystem für die Aufgabenlösung.

Die Griechen bezeichneten die Ordnung als eine Eigenschaft des Schönen. Xenophon meinte, alles Geordnete sei, unabhängig von der Schönheit der einzelnen Objekte, auch schön. Und die Bauhütten der Gotik arbeiteten nach überlieferten, geheimen Regeln und bildeten danach die Dome bis in die kleinsten Einzelheiten mathematisch durch.

Federigo von Urbino erklärte 1468, dass die Architektur auf Arithmetik und Geometrie gründet, die er zu den vornehmsten unter den Sieben Freien Künsten zählte. Weil sie – seiner Überzeugung nach – den höchsten Grad an Gewissheit in sich haben.

Der Funktionalismus der Chicago-Schule («Funktion = Form») im 19. Jahrhundert forderte eine zweckentsprechende Aufgabenlösung und eine Konstruktion aus dem vorgegebenen Material. Die Schönheit sollte sich dann von selbst einstellen.

Ordnung, Schönheit und Funktion sind die drei Kategorien, die dem konstruktiven Gestalten zugrunde liegen.

In der Plakatkunst setze sich der konstruktive Gedanke erst spät, in den zwanziger Jahren dieses Jahrhunderts, durch, obwohl erste Beispiele bereits Ende des 19. Jahrhunderts in Österreich entstanden. Die Architekten Josef Hoffmann und Joseph Maria Olbrich entwarfen Plakate für die Wiener Werkstätte und die zweite Kunstausstellung der «Seces-sion» nach gestalterischen Gesetzen des Konstruktivismus: Die Raumfläche des Plakats ist durchorganisiert und in geometrisch proportionierte, messbare Teile gegliedert, die Schrift zusammengefasst, als Kompositionselement gleichrangig mit dem Bildteil in Felder geordnet, die Zeichnung stilisiert, streng vertikal und horizontal aufgeteilt und nur zweifarbig behandelt.

Der Berliner Architekt Peter Behrens zeichnete um 1910 für die Allgemeine Elektrizitäts-Gesellschaft AEG ein Plakat für eine Metallfadenlampe, das lediglich aus geometrischen Feldern, Kreis, Dreieck und Quadrat plus eingebauter Lampe bestand.

Vertikale und Horizontale bestimmten die Gestaltung, das statische Element herrschte vor. Nur das Kreismotiv und das eingeschlossene Dreieck durchbrachen die Ruhe der Fläche etwas.

Diese drei Beispiele verloren sich ohne Nachhall im Plakatwald. Erst der Konstruktivismus in Russland, de Stijl in Holland und das Deutsche Bauhaus verlangten eine ihren Manifesten gemässe Kompositionsform des Plakats. Sicher war die Gründung des Deutschen und Schweizer Werkbundes sowie anderer Verbände in Europa mit ähnlichen Zielsetzungen bereits ein Anzeichen neuer Sachlichkeit. Dazu drängte die ungestüme Entwicklung der industriellen Revolution seit dem 19. Jahrhundert.

Russland beeinflusste mit den Manifesten des Suprematismus und Konstruktivismus die Kunst des Westens tiefgehend. Nach Malewitsch presste der Suprematismus die ganze Malerei in ein schwarzes Quadrat auf einer weissen Leinwand zusammen.

Malewitsch unterstrich damit die Bedeutung der Bildelemente als direkte Träger der Empfindung. Lissitzky, die treibende Kraft des russischen Konstruktivismus, umschrieb in seinem maschinenschriftlichen Manuskript (Moskau, Nr. 58) die «Neue Realität»: «Neue Erfindungen, die uns ermöglichen, auf neue Art und mit neuen Schnelligkeiten sich im Raum zu bewegen, werden eine neue Realität schaffen. Die statische Architektur der ägyptischen Pyramide ist überwunden: unsere Architektur rollt, schwimmt, fliegt. Es kommt uns das Schweben, Schwingen entgegen. Die Form dieser Realität will ich miterfinden und gestalten.»

Entsprechend dynamisch sind seine Konstruktionen, energiegeladene Konzeptionen aus Geraden und Kurven von schwereloser, bisher unbekannter Ordnung, die alle Räume sprengt. Die statische Darstellung erhielt eine neue Dimension: die Dynamik. Lissitzkys Einfluss auf das Bauhaus und die visuelle Gestaltung allgemein war nachhaltig.

Nach der Gründung der Zeitschrift «de Stijl» 1917 durch Theo van Doesburg, Piet Mondrian, J. J. Oud und Vilmos Huszar etablierte sich eine weitere richtungweisende Bewegung. Sie steuerte der konstruktiven Denkweise grundsätzliche, präzis formulierte Thesen bei und akzentuierte die Grundlagen der neuen Ästhetik, ihre Bedeutung für die allgemeine Lebenshaltung. Die Gestaltungsbasis reduzierte man auf die gerade Linie, den rechten Winkel und die Grundfarben Gelb, Rot und Blau. Ein Werk durfte nur aus Geraden und Horizontalen bestehen, weil sie das Göttliche unmittelbar und direkt enthüllen. Schoenmaekers philosophische Richtlinien umrissen den geistigen Horizont des Stijl. Nach ihnen hatten die Gesetze der kosmischen Schöpfung eine mathematische Struktur: die Natur funktioniert absolut regelmässig, auch wenn sie sich noch so vielgestaltig darstellt. Das mathematisch aufgebaute Universum diente den Künstlern als Vorbild für die gesetzmässige Gestaltung.

Im Manifest V «De Stijl» hielten van Eesteren, van Doesburg und Rietveld 1923 fest: «Wir haben die Wechselbeziehungen zwischen Mass, Proportion, Raum, Zeit und Material geprüft und eine endgültige Methode gefunden, aus ihnen eine Einheit zu konstruieren.» Theorien und Arbeiten des Bauhauses, des Suprematismus, Konstruktivismus und des Stijl behaupteten sich. Freie Gestalter und Kunstgewerbeschulen versuchten seither mit diesen Prinzipien Probleme zu lösen.

Gropius protokollierte in «Idee und Aufbau des Staatlichen Bauhauses» unter anderem folgendes:

«... Da die richtig geschulten künstlerischen Kräfte fehlen, die die mangelnde Einheit am Wirtschaftskörper zu vollziehen vermöchten, folgt daraus als Grundforderung für die künftige Bildung aller bildnerisch Begabten: gründliche praktische Werkstattarbeit in produktiven Werkstätten, eng verbunden mit einer exakten Lehre der Gestaltungselemente und ihrer Aufbaugesetze ...»

Und: «Das Gehirn erdenkt den mathematischen Raum kraft des Verstandes durch Rechnung und Messung. Über die Gesetze der Mathematik, Optik und Astronomie schafft es ein Vorstellungs- und Darstellungsmittel für den zu erbauenden stofflichen Raum der Wirklichkeit durch das Mittel der Zeichnung ...»

Die Postulate des Bauhauses wollten den Schüler auf der Basis einer soliden handwerklichen Ausbildung zur konstruktiven, alle Gestaltungselemente kontrollierenden Arbeitsweise erziehen. Darin ist Gropius heute noch aktuell.

Johannes Molzahn, Max Burchartz, Walter Dexel, Hans Leistikow, Jan Tschichold, Cäsar Domela in Deutschland; Piet Zwart, Paul Schuitema und Henrik N. Werkman in Holland; Sergej Sienkin, Michael Dolgorukow, Alexander Rodschenko und Wechsler in Russland; McKnight Kauffer in England; Jean Carlu, Hans Arp in Frankreich; Henryk Berlewi und Henryk Stazewski in Polen; Lajoss, Kasack, Ladislav Sutnar, Karel Teige und andere in Prag sowie Alexander Bortnik in Budapest gehören zu den beispielhaften Gestaltern auf dem Gebiet der angewandten Kunst, der Grafik in den zwanziger Jahren.

Ende der zwanziger und anfangs der dreissiger Jahre übernahmen Anton Stankowski, Max Bill, Hans Neuburg, Herbert Matter, Richard P. Lohse und weitere die Ideen der Pioniere. Die durch die Tradition begünstigten Länder, die Schweiz, Deutschland und Holland, sind daher gegenwärtig mit den meisten nach konstruktiven Gesichtspunkten gestalteten Plakaten vertreten.

Die Begründer der konkreten Kunst sind in Zürich beheimatet: Camille Graeser, Max Bill, Verena Loewensberg und Richard P. Lohse. Von ihnen gingen die entscheidenden Impulse aus. Bill und Lohse realisierten konstruktive Plakate, die vorbildliche Maßstäbe setzten. Seither verbreitete sich der Einfluss des Konstruktivismus in allen europäischen Ländern, in Nord- und Südamerika wie in Japan.

Von den Pionierzeiten ausgehend, verfeinerte sich die konstruktive Gestaltung auch im Plakatschaffen in ihren Mitteln. Alle Kompositionselemente sind auf der Fläche so geordnet, dass sich die Grundfläche zu den einzelnen Formelementen und diese wiederum unter sich durch ein Netz von Beziehungen und ein Proportionssystem fest verankern, gleichgültig, ob die Gestaltung als Ganzes dynamisch oder statisch, transparent oder verdichtet ist. Die Farbe ordnet sich dem Thema oder Produkt unter. Oder sie wird nach logischen Gesichtspunkten systematisiert.

Die Computertechnik stellt ein neues, in seinen Auswirkungen noch nicht ausgelotetes Mittel für den Gestalter dar. Zum ersten Mal programmierte man einer Maschine das formale Konzept, und sie produziert es als visualisierte direkte Form oder in allen im Programm denkbaren Variationen automatisch.

L'affiche constructiviste

Le principe « constructif » régit l'agencement harmonieux entre surfaces et espaces. Tous les éléments sont liés par des rapports linéaires et proportionnels, chaque élément est une partie du tout, l'ordre constitue le système fonctionnel optimum pour parvenir à l'objectif visé. Les Grecs considéraient l'ordre comme une qualité du Beau. Xénophon estimait que toute ordonnance était belle, indépendamment de la beauté de l'objet individuel. Et les bâtisseurs de l'époque gothique travaillaient selon des règles secrètes héritées des anciens et érigeaient les cathédrales selon un ordre mathématique régissant jusqu'au plus petit détail.

Frederigo von Urbino déclara en 1468 que l'architecture, fondée sur l'arithmétique et la géométrie, était le plus noble des sept arts libéraux en raison de son haut degré de précision. Le fonctionnalisme de l'École de Chicago (« la fonction crée la forme »), au XIXᵉ siècle, exigeait de trouver des solutions conformes aux objectifs visés et de construire à partir des matériaux disponibles. La beauté jaillirait alors d'elle-même. Ordre, beauté et fonction sont trois catégories fondamentales du constructivisme.

Il fallut attendre les années 1920 pour voir les principes constructivistes pénétrer l'art de l'affiche. Dès la fin du XIXᵉ siècle, quelques prototypes avaient toutefois été réalisés en Autriche. Les architectes Josef Hoffmann et Joseph Maria Olbrich réalisèrent des affiches constructivistes pour les ateliers de Vienne et la seconde exposition d'art de la Sécession : la surface de l'affiche est organisée et divisée en éléments géométriques, le texte est ramassé et prend dans la composition la même valeur que les éléments picturaux. Le dessin, stylisé et traité en deux couleurs, suit une grille strictement orthogonale.

L'architecte berlinois Peter Behrens dessina vers 1910 une affiche pour la compagnie générale d'électricité AEG, dont le motif, une lampe à fil métallique, était uniquement composé de figures géométriques – cercles, triangles et carrés –, ainsi que de la lampe elle-même. Les verticales et les horizontales déterminaient la structure générale, l'élément statique était prédominant. Seuls le cercle et le triangle rompaient quelque peu l'uniformité de la surface.

Ces trois exemples passèrent toutefois inaperçus. Le constructivisme en Russie, le mouvement De Stijl aux Pays-Bas et le Bauhaus en Allemagne firent naître le besoin de composer des affiches conformes à leurs manifestes. La fondation des Werkbund allemand et suisse, ainsi que d'autres groupes similaires en Europe, était l'indice de la nouvelle tendance à l'objectivité, à laquelle le bouleversement apporté par la révolution industrielle depuis le XIXᵉ siècle a beaucoup contribué. Les manifestes suprématistes et constructivistes russes ont profondément marqué l'art occidental. Avec Malevitch, le suprématisme a réduit la figure à un carré noir sur un fond blanc.

El Lissitzky, chef de file du constructivisme russe, a décrit dans un manuscrit dactylographié (Moscou, n° 58) cette « nouvelle réalité » : « De nouvelles inventions, permettant à l'homme de se déplacer dans l'espace par des moyens et à des vitesses inconnus, engendreront une nouvelle réalité. L'architecture statique de la pyramide égyptienne est dépassée : notre architecture roule, nage, vole. Ce qui vient au devant de nous plane et vibre. Je veux contribuer à inventer cette réalité et à lui donner forme. »

Ses constructions dynamiques répondent à ce programme : elles sont chargées d'énergie, composées de droites et de courbes qui relèvent d'un ordre inconnu, comme en apesanteur, faisant éclater tout l'espace. El Lissitzky a exercé une grande influence sur le Bauhaus et sur la création visuelle globale.

Après la fondation de la revue *De Stijl* en 1917 par Theo Van Doesburg, Piet Mondrian, J. J. Oud et Vilmos Huszar, un nouveau mouvement de grande ampleur vit le jour. Il apporta au constructivisme des thèses fondamentales, formulées avec précision, et renforça les bases de la nouvelle esthétique comme son rôle dans la vie en général. Les éléments clés de la conception formelle étaient la ligne droite, l'angle droit et les couleurs primaires jaune, rouge et bleu. L'œuvre devait être composée uniquement de lignes droites horizontales, lesquelles en révélaient directement et spontanément la nature.

Les principes philosophiques de Schoenmaeker dessinèrent l'horizon intellectuel du mouvement de Stijl : les lois de la création cosmique ont une structure mathématique, les fonctions de la nature sont absolument régulières, même si elle se présente sous des formes très diverses. L'univers, avec sa structure mathématique, est un modèle pour les artistes travaillant dans le respect de ces règles naturelles.

Dans le manifeste V de De Stijl (1923), Van Eesteren, Van Doesburg et Rietveld précisaient : « Nous avons vérifié les rapports entre mesures, proportions, espace, temps et matériaux, et avons trouvé une méthode définitive pour les intégrer en une seule entité. »

Les théories et les travaux du Bauhaus, du suprématisme, du constructivisme et de De Stijl s'affirmaient. Créateurs indépendants et écoles d'art cherchèrent dès lors dans la mise en œuvre de ces principes la résolution de leurs problèmes.

Dans *Idée et conception du Bauhaus*, Gropius écrit : « [...] en l'absence de forces artistiques dûment formées et capables d'accomplir l'unité défaillante de l'organisme économique, il est indispensable d'exiger pour la formation de tout jeune artiste doué : un travail pratique approfondi dans un atelier productif, associé à un enseignement exact des éléments de la création formelle et des lois qui la régissent... »

Ailleurs, il déclara : « Le cerveau humain invente l'espace mathématique grâce à la raison, par voie de calcul et de mesure. Par-delà les lois mathématiques, optiques et astronomiques, il crée un moyen d'expression et de représentation, pour construire l'espace de la réalité matérielle grâce au dessin [...]. »

Les postulats du Bauhaus préconisaient d'amener les étudiants, à partir d'une formation artisanale solide, à un travail constructif dans lequel tout élément créateur serait judicieusement contrôlé. En ce sens, Gropius n'a nullement perdu de son actualité.

Johannes Molzahn, Max Burchartz, Walter Dexel, Hans Leistikow, Jan Tschichold, Cäsar Domela en Allemagne ; Piet Zwart, Paul Schuitema et Henrik N. Werkman aux Pays-Bas ; Sergej Sienkin, Michael Dolgorukow, Aleksandr Rodtchenko et Wechsler en Union soviétique ; McKnight Kauffer en Angleterre ; Jean Carlu et Hans Arp en France ; Henryk Berkewi et Henryk Stazewski en Pologne ; Lajoss Kasack, Ladislav Sutnar et Karel Teige à Prague, ainsi qu'Alexander Bortnik à Budapest font partie des créateurs les plus représentatifs des arts appliqués et du graphisme des années 1920.

Vers la fin des annés 1920 et le début des années 1930, Anton Stankowski, Max Bill, Hans Neuburg, Herbert Matter et Richard P. Lohse reprirent les idées des pionniers.

Les pays favorisés par la tradition, la Suisse, l'Allemagne et les Pays-Bas, sont de ce fait actuellement les mieux représentés en ce qui concerne les affiches de type constructiviste.

Les fondateurs de l'art concret étaient originaires de Zurich : Camille Graeser, Max Bill, Verena Loewensberg et Richard P. Lohse donnèrent à l'art de l'affiche un élan décisif. Les affiches constructivistes de Bill et de Lohse en fixèrent les normes. Le constructivisme se propagea dès lors dans tous les pays d'Europe, d'Amérique du Nord et du Sud, ainsi qu'au Japon.

Depuis le temps des pionniers, le constructivisme ne cessait de recourir à des moyens toujours plus perfectionnés. Tous les éléments de la compostion étaient ordonnés afin que la surface de base et les différents éléments formels, et ceux-ci entre eux, soient solidement reliés par un réseau de rapports et un système de proportions, et afin que la conception forme une entité dynamique ou statique, transparente ou condensée. Le choix de la couleur dépendait du sujet ou du produit, à moins qu'elle n'obéisse systématiquement à des critères logiques.

La technique de l'ordinateur a apporté au créateur un nouveau moyen d'expression, dont les conséquences sont encore mal connues. Pour la première fois, l'idée formelle pouvait être programmée sur une machine qui la produisait automatiquement sous une forme visuelle directe ou dans toutes les variantes permises par le programme.

The constructive poster

The constructive principle is the harmonious, charged linking of surfaces and spaces. There are linear and proportional correlations between all parts, each is integrated in the whole, and the result is the optimum arrangement for the task. Arrangement, beauty and function are the three categories on which constructive design is based.

The Greeks defined arrangement as being one of the qualities of beauty. Xenophon thought all arrangements, independently of the beauty of their individual objects, should also be beautiful in themselves. Medieval builders worked according to secret rules that had been handed down to them, and constructed cathedrals according to mathematical principles of arrangement, down to their smallest details. In 1468, Federigo da Montefeltro, Duke of Urbino, declared that architecture, which is based on arithmetic and geometry, was the highest among the seven liberal arts. This was because, in his opinion, it contained the highest degree of certainty.

The functionalism of the Chicago School in the nineteenth century (exemplified by architect Louis Sullivan's famous dictum: 'Form follows function') demanded a practical solution to the task, and construction from the material to hand. Beauty should then appear of its own accord. Constructive ideas were later in achieving success in poster art. This came only in the 1920s, although the first isolated examples were already to be found in Austria at the end of the nineteenth century. The architects Josef Hoffmann and Joseph Maria Olbrich designed posters for the Wiener Werkstätte and the second art exhibition of the 'Secession' according to constructive laws: the surface is

arranged and formed into geometrically proportioned parts, the lettering is condensed and included in the space as an element of equal importance to the image, the drawing is stylized and strictly divided both vertically and horizontally, and only two colours are used. In 1910, Peter Behrens (a Berlin architect) designed, for the electricity company AEG, a poster for a metal filament lamp, which consisted only of geometric surfaces – a circle, triangle and square – plus the form of the lamp. Vertical and horizontal lines determined this design, the static element predominating. Only the circle motif and the enclosed triangle broke the calmness of the surface. But these examples had very little resonance in the world of poster design. Only Constructivism in Russia, De Stijl in Holland and the German Bauhaus demanded a form of composition for posters in accordance with their manifestos.

The establishment of the German and Swiss Werkbund, as well as other associations in Europe with similar aims, was certainly a sign of the new objectivity in architecture and product design. This was in addition to the turbulent development of the Industrial Revolution, which had been pushing forward since the nineteenth century.

Russia profoundly influenced the art of the West with the manifestos of Suprematism and Constructivism. According to Malevich, Suprematism forced the whole of art into a black square on a white canvas. Malevich thereby emphasized the importance of pictorial elements as the direct bearers of sensation. El Lissitzky, the driving force in Russian Constructivism, described the 'new reality' in his typed manuscript (*Moscow, No. 58*) as follows: 'New

discoveries which enable us to move in space in a new way and with a new speed will create a new reality. The static architecture of the Egyptian pyramids has been overcome. Our architecture rolls, swims, flies. It comes to meet us, floating, swinging. I want to help to find and mould this form of reality.' His constructions are correspondingly dynamic: conceptions full of energy, consisting of straight lines and curves in a hitherto unknown, weightless arrangement which bursts all bounds. El Lissitzky's influence on the Bauhaus and on visual design in general was lasting.

After the foundation of the journal *De Stijl* in 1917 by Theo van Doesburg, Piet Mondrian, J. J. P. Oud and Vilmos Huszar, a further movement pointing the way was firmly established. De Stijl (literally 'The Style' in Dutch) posited a constructive way of thinking in terms of precisely formulated fundamental elements, and highlighted the rudiments of the new aesthetics and their importance in everyday life. Basic designs were reduced to straight lines, right angles and the primary colours: yellow, red and blue. A design might only consist of straight and horizontal lines because, immediately and directly, they revealed its very essence. Schoenmaeker's philosophical guiding principles outlined the intellectual horizons of De Stijl. According to them, the laws of cosmic creation had a mathematical structure; nature functions absolutely regularly even though she presents herself in so many forms. The mathematically constructed universe served as a model for artists for designing according to these rules. In *Manifesto V De Stijl*, Van Eesteren, Van Doesburg and Rietveld stated in 1923: 'We have tested the interrelations between dimension, proportion, space, time and material and found a definite method of constructing a unit from them.'

The theories and designs of the Bauhaus, Suprematism, Constructivism and De Stijl began to assert themselves across all fields of design. Freelance designers and schools of art have, since then, tried to solve their problems using these principles. In his *Conception and Structure of the State Bauhaus*, Gropius stated that: 'As there is a lack of correctly trained designers who would be able to establish the missing unity in a co-operative enterprise, there follows the universal need for the future training of all artistically gifted people: thorough practical workshop training in productive workshops closely combined with skilled teaching of design elements and their laws of construction ...' And again: 'The brain develops its power to understand mathematical space from calculation and measurement. Using the laws of mathematics, optics and astronomy, it creates a means of presentation and representation for the material sphere of reality which is to be constructed by means of the design ...' The Bauhaus principle was to educate students on the basis of a solid training in handwork, leading to a constructive way of working, controlling all the elements of design. To that end, Gropius remains up-to-date to this day.

Johannes Molzahn, Max Burchartz, Walter Dexel, Hans Leistikow, Jan Tschichold and Cäsar Domela in Germany; Piet Zwart, Paul Schuitema and Henrik N. Werkman in Holland; Sergei Sjenkin, Michael Dolgorukow, Alexander Rodchenko and M.Wechsler in Russia; McKnight Kauffer in England; Jean Carlu and Hans Arp in France; Henryk Berlewi and Henryk Stazewski in Poland; Lajoss Kasack, Ladislav Sutnar, Karel Teige and others in Prague; as well as Alexander Bortnik in Budapest are among the exemplary artists in the field of applied art and graphic design in the twentieth century.

At the end of the 1920s and the beginning of the 1930s, Anton Stankowski, Max Bill, Richard P. Lohse and others took over the ideas of these pioneers. Countries favoured by tradition – such as Switzerland, Germany and Holland – now boasted the greatest number of posters designed according to constructive ideas. The founders of 'concrete art', through whom these decisive creative impulses flowed, were mainly domiciled in Zurich: Camille Graeser, Max Bill, Verena Loewensberg and Richard P. Lohse. Bill and Lohse, in particular, produced constructive posters that set masterly standards. Since then, the influence of Constructivism has spread to all European countries, to North and South America as well as to Japan. Since its pioneering days, constructive design has refined its means, in the creation of posters as in other fields. Elements of composition are still arranged within the space in such a way that the background and individual elements of form – and the latter among themselves – are firmly anchored by a network of connections, regardless of whether the design as a whole is dynamic or static, transparent or opaque. Colour is still subordinated to the topic or product, or it is systematized from a logical point of view.

Recent advances in computer technology represent new means for designers, the effects of which have not yet been fully explored. For the first time, a machine can be fed with formal concepts and can automatically produce them in a direct visual form, or in all conceivable variations within the programme.

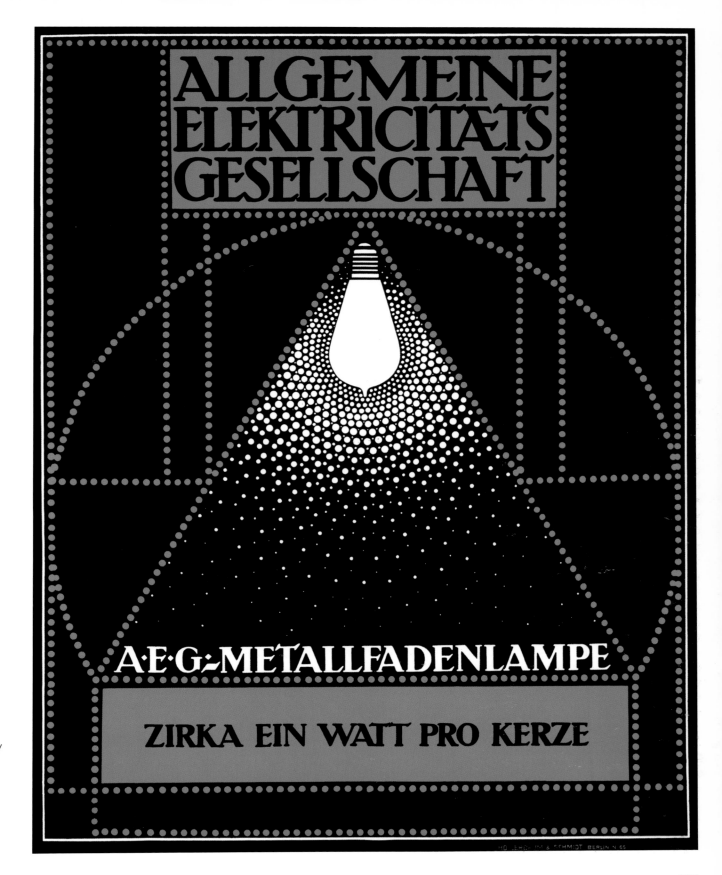

178
Peter Behrens
Plakat für eine Elektrizitäts-
gesellschaft. Lithografie
Affiche pour une société
d'électricité. Lithographie
Poster for an electricity company
Lithography
vor/avant/before 1910 Berlin
53 × 67 cm

179
Joseph Maria Olbrich
Ausstellungsplakat. Lithografie
Affiche d'exposition. Lithographie
Exhibition poster. Lithography
1899 Wien/Vienne/Vienna
51,5 × 86,5 cm

180
Josef Hoffmann
Ausstellungsplakat. Offsetdruck
Affiche d'exposition. Impression offset
Exhibition poster. Offset printing
1905 Wien/Vienne/Vienna
61,8 × 90,5 cm

181
Bart van der Leck
Ausstellungsplakat. Fotolithografie
Affiche d'exposition. Photolithographie
Exhibition poster. Photolithography
1919 Utrecht
56 x 116,3 cm

182
Auguste Herbin
Plakat für einen Ball. Lithografie
Affiche pour un bal. Lithographie
Poster for a ball. Lithography
1925 Paris
80 × 107,5 cm

183
Joost Schmidt
Ausstellungsplakat. Lithografie
Affiche d'exposition. Lithographie
Exhibition poster. Lithography
1923 Weimar
47,3 × 66,7 cm

184
Emanuel Hrbek
Ausstellungsplakat. Lithografie
Affiche d'exposition. Lithographie
Exhibition poster. Lithography
1929 Brünn/Brunn/Brno
117,5 × 87,5 cm

185
Johannes Molzahn
Ausstellungsplakat. Linolschnitt
Affiche d'exposition. Gravure sur linoléum
Exhibition poster. Lino cut
1929 Breslau
59,5 × 88,5 cm

186
Paul Schuitema
Ausstellungsplakat. Lithografie
Affiche d'exposition. Lithographie
Exhibition poster. Lithography
1926 Rotterdam
69 x 98 cm

187
Piet Zwart
Plakat für eine Immobilienfirma. Lithografie und
Buchdruck
Affiche pour une société immobilière
Lithographie et typographie
Poster for an estate agency
Lithography and letterpress printing
1923/1924 Den Haag/La Haye/The Hague
44 x 45 cm

188
Piet Zwart
Plakat für PTT Holland. Offsetdruck
Affiche pour les PTT Pays-Bas. Impression offset
Poster for Netherlands PTT. Offset printing
1934 Den Haag/La Haye/The Hague
41 x 59 cm

189
Piet Zwart
Ausstellungsplakat. Lithografie
Affiche d'exposition. Lithographie
Exhibition poster. Lithography
1928 Den Haag/La Haye/The Hague
61 x 85,5 cm

190
Michael Dolgorukow
Aktionsplakat: Transportarbeiter, wappnet euch
mit technischen Kenntnissen!
Offsetdruck
Affiche publicitaire : Ouvriers des transports,
armez-vous de connaissances techniques !
Impression offset
Campaign poster: Transport-workers,
arm yourselves with technical knowledge!
Offset printing.
1931 Moskau-Leningrad/Moscou-Leningrad/
Moscow-Leningrad
73,5 × 104 cm

191
Alexander Rodchenko
Buchplakat: Bücher aller Wissenszweige. Tiefdruck
Affiche de livres : Livres couvrant tous les domaines de
la connaissance. Impression en creux
Book poster: Books of all fields of knowledge. Intaglio
1924 Leningrad
69 x 48,4 cm

192
Gustav Kluziss
Politisches Plakat: Unter dem Banner Lenins, für
sozialistischen Aufbau
Typo-Lithografie
Affiche politîque : Sous la bannière de Lénine, pour une
structure socialiste
Typo-lithographie
Politic poster:
Under Lenin's banner, for a socialist structure
Typolithography
1930 Moskau/Moscou/Moscow
72,5 x 100 cm

193
Henryk Stazewski
Zooplakat. Offsetdruck
Affiche d'un jardin zoologique. Impression offset
Poster of Zoological Gardens. Offset printing
vor/avant/before 1935 Warschau/Varsovie/Warsaw
67,5 × 99 cm

194
Sergei J. Sjenkin
Ausstellungsplakat: Strassenbau
Affiche d'exposition : Construction de routes
Exhibition poster: Road-building
1931 URSS/USSR

195
Elkin
Politisches Plakat. Offsetdruck
Affiche politique. Impression offset
Political poster. Offset printing
1931 Moskau-Leningrad/Moscou-Leningrad
Moscow-Leningrad
47,4 × 65,5 cm

196
M. Wechsler
Filmplakat: Kinder des Sturms. Lithografie
Affiche de cinéma : Enfants de la tempête
Lithographie
Film poster: Children of the storm. Lithography
1926 URSS/USSR
107,5 × 71 cm

197
Jan Tschichold
Filmplakat. Offsetdruck
Affiche de cinéma. Impression offset
Film poster. Offset printing
1927 München/Munich
83,6 × 119 cm

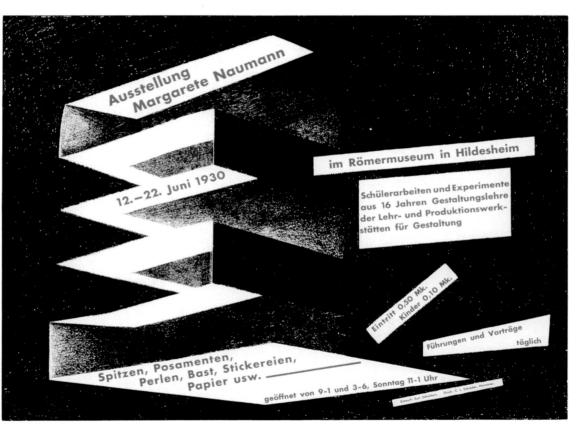

198
Jan Tschichold
Filmplakat. Offsetdruck, grau/dunkelbraun
Affiche de cinéma. Impression offset, gris/brun foncé
Film poster. Offset printing, grey/dark-brown
1927 München/Munich
83 x 117,5 cm

199
Kurt Schwitters
Ausstellungsplakat. Lithografie
Affiche d'exposition. Lithographie
Exhibition poster. Lithography
1930 Hannover/Hanovre/Hanover
64,2 x 47,6 cm

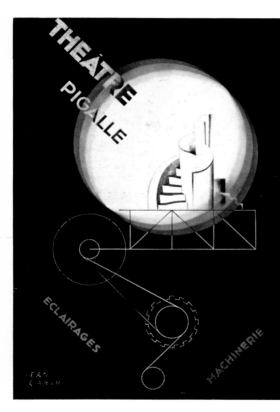

200
Jean Carlu
Theaterplakat. Lithografie, mehrfarbig
Affiche de théâtre. Lithographie, polychrome
Theatre poster. Lithography, multi-coloured
1929 Paris
106 × 155,5 cm

201
Hendrik Nicolaas Werkman
Plakatenwurf: Gas in jedem Haus
Linolschnitt, rot/schwarz
Projet d'affiche : Le gaz dans chaque maison
Gravue sur linoléum, rouge/noir
Poster-design: Gas in every house
Lino cut, red/black
1934 Groningen/Groningue
66,8 × 95,4 cm

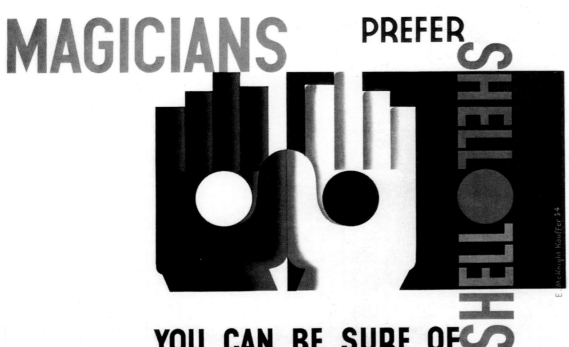

202
E. McKnight Kauffer
Plakat für eine Ölmarke. Lithografie, rot/blau/schwarz
Affiche pour une marque d'huile. Lithographie
Rouge/bleu/noir
Poster for a make of oil. Lithography, red/blue/black
1934 London/Londres
113 x 76 cm

203
E. McKnight Kauffer
Reiseplakat. Offsetdruck, mehrfarbig
Affiche de voyages. Impression offset, polychrome
Travel poster. Offset printing, multi-coloured
Fotografie/photographie/photography: Kate Jacob
1936 London/Londres
63,3 x 101,5 cm

204
A. M. Cassandre
Touristisches Plakat. Lithografie, mehrfarbig
Affiche touristique. Lithographie, polychrome
Tourist poster. Lithography, multi-coloured
1932 Lille, Frankreich/France
62,5 × 102,5 cm

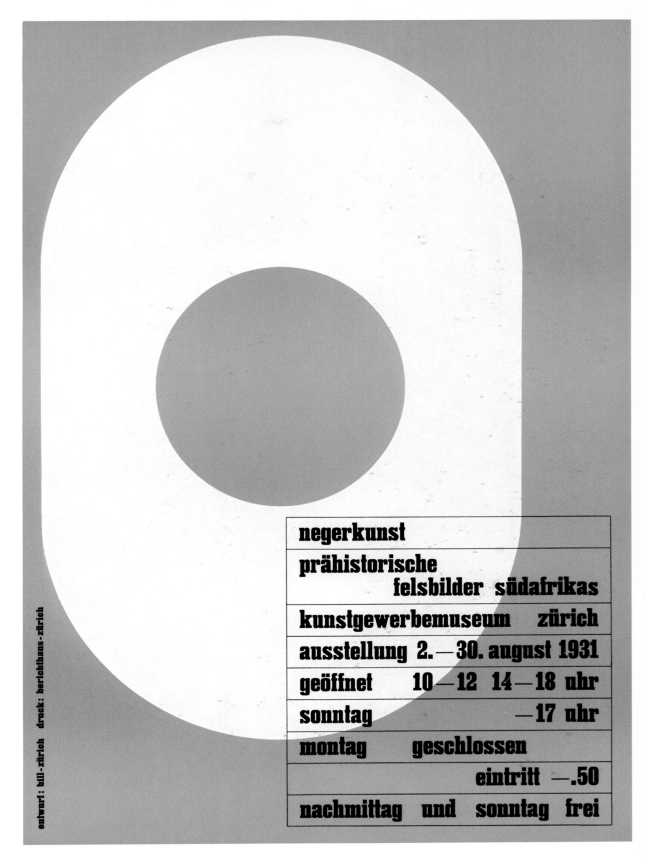

205
Max Bill
Ausstellungsplakat. Linolschnitt
Affiche d'exposition. Gravure sur linoléum
Exhbition poster. Lino cut
1931 Zürich/Zurich
91 x 127,5 cm

entwurf: bill-zürich   druck: berichthaus-zürich

negerkunst		
prähistorische felsbilder südafrikas		
kunstgewerbemuseum		zürich
ausstellung 2.—30. august 1931		
geöffnet	10—12 14—18 uhr	
sonntag		—17 uhr
montag	geschlossen	
		eintritt —.50
nachmittag und sonntag frei		

206
Otto Baumberger
Plakat für eine Teppichfirma
Lithografie, schwarz
Affiche pour une manufacture de tapisserie
Lithographie, noir
Poster for a carpet firm. Lithography, black
1930 Zürich/Zurich
90 x 128 cm

207
Hans Arp, Walter Cyliax
Ausstellungsplakat. Lithografie
Affiche d'exposition. Lithographie
Exhibition poster. Lithography
1929 Zürich/Zurich
90,5 × 128 cm

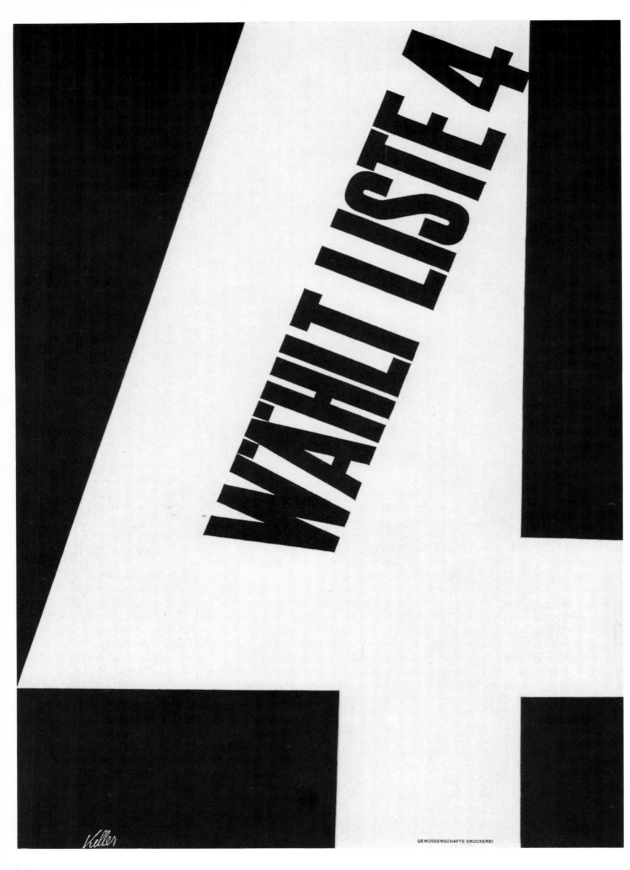

208
Ernst Keller
Politisches Plakat. Linolschnitt, rot
Affiche politique. Gravure sur linoléum. Rouge
Political poster. Lino cut, red
ca./environ/about 1935 Zürich/Zurich
91,5 × 128,5 cm

vom 16. januar bis 14. februar 1937

kunsthalle basel

konstruktivisten

van doesburg
domela
eggeling
gabo
kandinsky
lissitzky
moholy-nagy
mondrian
pevsner
taeuber
vantongerloo
vordemberge
u. a.

209
Jan Tschichold
Ausstellungsplakat
Linolschnitt + Buchdruck
Affiche d'exposition
Gravure sur linoléum + typographie
Exhibition poster. Lino cut + letterpress
printing
1937 Basel/Bâle/Basle
90,5 × 127,7 cm

210
Max Bill
Ausstellungsplakat. Buchdruck, schwarz
Affiche d'exposition. Typographie, noir
Exhibition poster. Letterpress printing, black
1936 Zürich/Zurich
70 x 100 cm

211
Max Bill
Ausstellungsplakat: Die Farbe. Lithografie
Affiche d'exposition : La couleur. Lithographie
Exhibition poster: Colour. Lithography
1944 Zürich/Zurich
90 x 128 cm
Bild aufgeklebt/Image collée/Pasted picture
85 x 60,5 cm

212
Max Bill
Ausstellungsplakat: USA baut
Lichtdruck
Affiche d'exposition :
Les États-Unis construisent. Phototypie
Exhibition poster:
The USA builds. Collotype
1945 Zürich/Zurich
90 x 128 cm

213
Max Bill
Ausstellungsplakat. Buchdruck, schwarz
Affiche d'exposition. Typographie, noir
Exhibition poster. Letterpress printing, black
1949 Zürich/Zurich
70 × 100 cm

esposizione organizzata da "l'altana,,

nel palazzo ex reale
piazza del duomo da via marconi in via rastrelli 5

milano

arte

astratta e
concreta

arp
bassi
bill
bodmer
bonini
domela
graeser
herbin
hinterreiter
huber
kandinsky
klee
leuppi
licini
lohse
mazzon
munari
reggiani
rho
sottsass junior
taeuber-arp
vantongerloo
veronesi
vordemberge-gildewart

4 gennaio – 2 febbraio 1947

orario
10–12 15–19
mercoledì chiuso
giovedì 17–23 ingresso libero
sabato 10–23

214
Max Huber
Ausstellungsplakat. Offsetdruck
Affiche d'exposition. Impression offset
Exhibition poster. Offset printing
1946 Mailand/Milan
70 × 100 cm

215
Max Huber
Plakat für einen Kongress. Offsetdruck
Affiche pour un congrès. Impression offset
Poster for a congress. Offset printing
1949 Mailand/Milan
70 x 50 cm

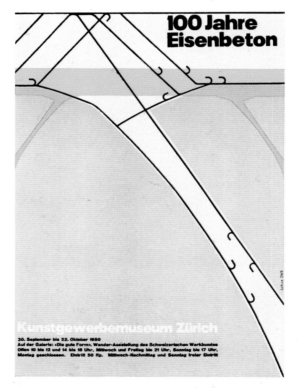

216
Max Huber
Plakat für die Triennale. Offsetdruck
Affiche pour la Triennale. Impression offset
Poster for the Triennial. Offset printing
1947 Mailand/Milan
100 × 70 cm

217
Richard P. Lohse
Ausstellungsplakat: 100 Jahre Eisenbeton. Lithografie
Affiche d'exposition : 100 années de béton armé
Lithographie
Exhibition poster: 100 years of reinforced concrete
Lithography
1950 Zürich/Zurich
90 × 127,5 cm

218
Richard P. Lohse
Ausstellungsplakat. Lithografie
Affiche d'exposition. Lithographie
Exhibition poster. Lithography
1950 Zürich/Zurich
90,5 × 128 cm

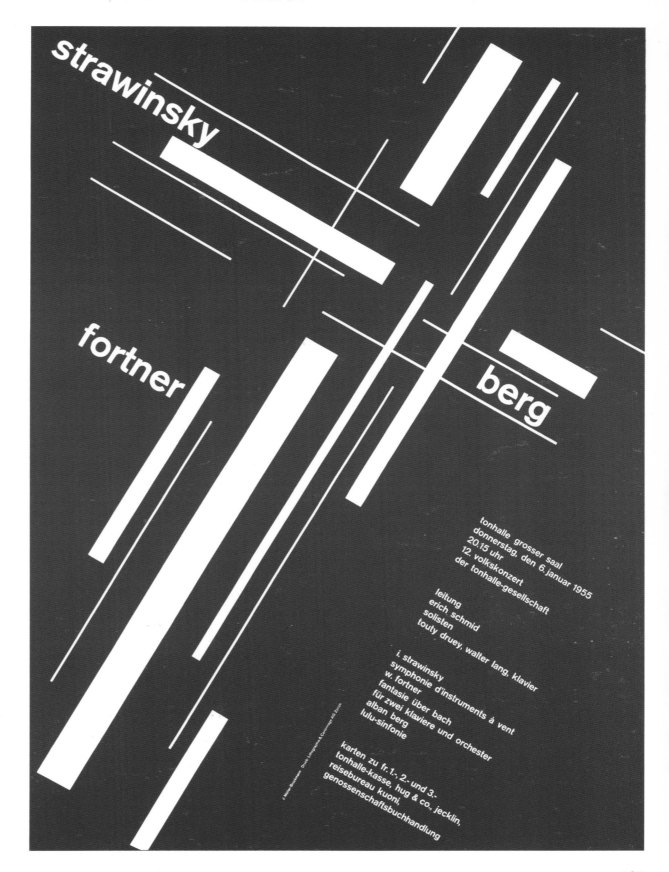

219
Josef Müller-Brockmann
Konzertplakat. Lithografie
Affiche de concert. Lithographie
Concert poster. Lithography
1954 Zürich/Zurich
90,5 × 128 cm

beethoven

tonhalle grosser saal
dienstag, den 22. februar 1955,
20.15 uhr
4. extrakonzert
der tonhalle-gesellschaft

leitung carl schuricht
solist wolfgang schneiderhan

beethoven ouverture zu «coriolan», op. 62
violinkonzert in d-dur, op. 61
siebente sinfonie in a-dur, op. 92

vorverkauf tonhalle-kasse, hug, jecklin,
kuoni
karten zu fr. 3.50 bis 9.50

220
Josef Müller-Brockmann
Konzertplakat. Offsetdruck, grau/schwarz
Affiche de concert
Impression offset, gris/noir
Concert poster. Offset printing, grey/black
1955 Zürich/Zurich
90,5 x 128 cm

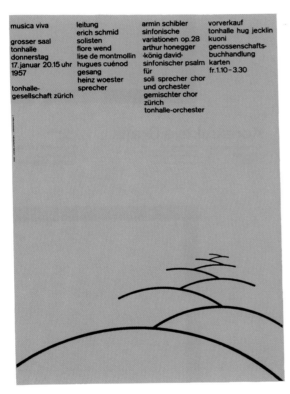

musica viva

grosser saal
tonhalle
donnerstag
17. januar 20.15 uhr
1957

tonhalle-
gesellschaft zürich

leitung
erich schmid
solisten
flore wend
lise de montmollin
hugues cuénod
gesang
heinz woester
sprecher

armin schibler
sinfonische
variationen op.28
arthur honegger
‹könig david›
sinfonischer psalm
für
soli sprecher chor
und orchester
gemischter chor
zürich
tonhalle-orchester

vorverkauf
tonhalle hug jecklin
kuoni
genossenschafts-
buchhandlung
karten
fr.1.10 – 3.30

221
Josef Müller-Brockmann
Konzertplakat. Linolschnitt + Buchdruck
Affiche de concert. Gravure sur linoléum +
typographie
Concert poster. Lino cut + letterpress printing
1956 Zürich/Zurich
90,5 × 128 cm

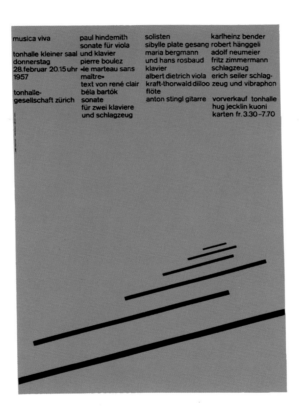

musica viva

tonhalle kleiner saal
donnerstag
28. februar 20.15 uhr
1957

tonhalle-
gesellschaft zürich

paul hindemith
sonate für viola
und klavier
pierre boulez
‹le marteau sans
maître›
text von rené clair
béla bartók
sonate
für zwei klaviere
und schlagzeug

solisten
sibylle plate gesang
maria bergmann
und hans rosbaud
klavier
albert dietrich viola
kraft-thorwald dilloo
flöte
anton stingl gitarre

karlheinz bender
robert hänggeli
adolf neumeier
fritz zimmermann
schlagzeug
erich seiler schlag-
zeug und vibraphon

vorverkauf tonhalle
hug jecklin kuoni
karten fr. 3.30 – 7.70

222
Josef Müller-Brockmann
Konzertplakat. Linolschnitt + Buchdruck
Affiche de concert. Gravure sur linoléum +
typographie
Concert poster. Lino cut + letterpress printing
1956 Zürich/Zurich
90,5 × 128 cm

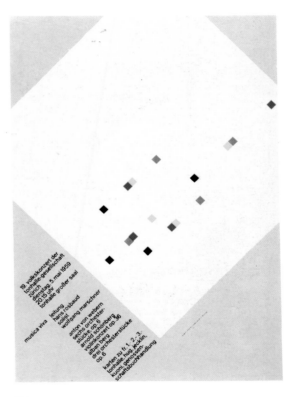

19. volkskonzert der
tonhalle-gesellschaft
zürich
dienstag, 5. mai 1959
20.15 uhr
tonhalle grosser saal

musica viva
leitung
hans rosbaud
solist
wolfgang marschner

anton von webern
sechs orchester-
stücke op. 6
arnold schönberg
violinkonzert op. 36
alban berg
drei orchesterstücke
op. 6

karten zu fr. 1, 2, 3.
tonhalle hug jecklin,
kuoni, genossen-
schaftsbuchhandlung

223
Josef Müller-Brockmann
Konzertplakat. Linolschnitt + Buchdruck
Affiche de concert. Gravure sur linoléum +
typographie
Concert poster. Lino cut + letterpress printing
1958 Zürich/Zurich
90,5 × 128 cm

228
Maria Vieira
Plakat für eine Fluglinie. Offsetdruck
Affiche pour une compagnie aérienne
Impression offset
Poster for an airline. Offset printing
1957 Zürich/Zurich
95 x 126,7 cm

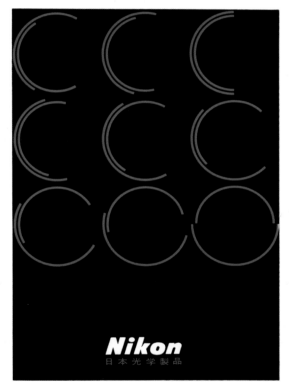

229
Richard P. Lohse
Ausstellungsplakat: Kunststoffe
Linolschnitt + Buchdruck
Affiche d'exposition : Matières synthétiques
Gravure sur linoléum + typographie
Exhibition poster: Synthetic materials
Lino cut + letterpress printing
1958 Winterthur, Schweiz/Suisse/Switzerland
90,5 × 128 cm

230
Kazumasa Nagai
Plakat für eine Kameramarke. Siebdruck
Affiche pour une marque d'appareil photo.
Sérigraphie
Poster for a make of camera. Silk screen process
1960 Tokio/Tokyo
72,8 × 103 cm

231
Hans Neuburg
Ausstellungsplakat. Linolschnitt + Buchdruck
Affiche d'exposition
Gravure sur linoléum + typographie
Exhibition poster. Lino cut + letterpress printing
1960 Zürich/Zurich
89,5 × 126,2 cm

232
Kohei Sugiura
Plakat für einen Kongress. Offsetdruck
grün/grau/dunkelocker/hellocker
Affiche pour un congrès. Impression offset
vert/gris/ocre foncé/ocre clair
Poster for a congress. Offset printing
green/grey/dark-ochre/light-ochre
1960 Tokio/Tokyo
49 × 71 cm

233
Enzo Mari
Ausstellungsplakat. Siebdruck, braun/schwarz/weiss
Affiche d'exposition. Sérigraphie, brun/noir/blanc
Exhibition poster
Silk screen process, brown/black/white
Typografie/Typographie/Typography: Lucini
1963 Milano/Milan
59,8 × 84,5 cm

234
Will van Sambeek
Ausstellungsplakat. Offsetdruck, grün/gelb/rot
Affiche d'exposition. Impression offset, vert/jaune/rouge
Exhibition poster. Offset printing, green/yellow/red
1964 Amsterdam
60,5 × 88 cm

235
Josef Müller-Brockmann
Konzertplakat. Linolschnitt + Buchdruck
Affiche de concert
Gravure sur linoléum + typographie
Concert poster. Lino cut + letterpress printing
1958 Zürich/Zurich
90,5 × 128 cm

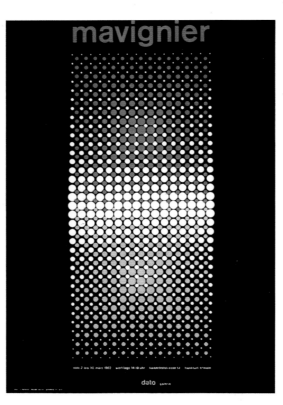

236
Marcel Wyss
Ausstellungsplakat. Siebdruck
Affiche d'exposition. Sérigraphie
Exhibition poster. Silk screen process
1962 Bern/Berne
90,5 × 128 cm

237
Almir Mavignier
Ausstellungsplakat. Siebdruck
Affiche d'exposition. Sérigraphie
Exhibition poster. Silk screen process
1962 Neu-Ulm, Deutschland/Allemagne/Germany
59,4 × 83,8 cm

238
Albe Steiner
Messeplakat. Offsetdruck
Affiche pour une foire-exposition. Impression offset
Poster for an industrial fair. Offset printing
1968 Mailand/Milan
59 × 86,5 cm

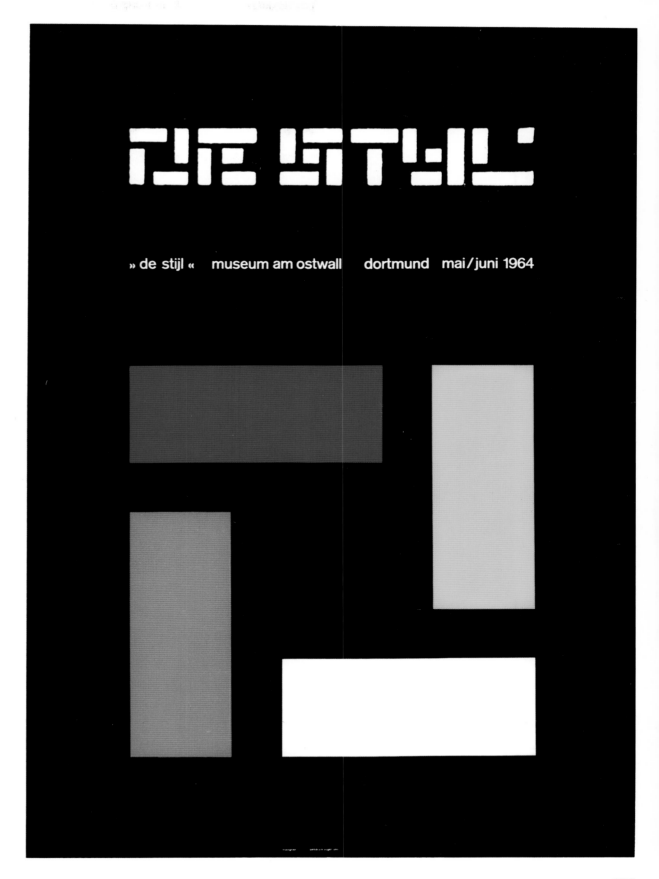

239
Almir Mavignier
Ausstellungsplakat. Siebdruck
Affiche d'exposition. Sérigraphie
Exhibition poster. Silk screen process
1964 Ulm
83,7 × 118 cm

Ausstellung
Kunstgewerbemuseum Zürich

22 September bis 22. Oktober
1967
Offen:
Dienstag bis Freitag 10-12, 14-18
Donnerstag -21
Samstag/Sonntag 10-12, 14-17
Montag geschlossen

Paul
Schuitema

ein Pionier der holländischen Avantgarde

240
Hans Neuburg
Ausstellungsplakat
Linolschnitt + Buchdruck
Affiche d'exposition
Gravure sur linoléum + typographie
Exhibition poster
Lino cut + Letterpress printing
1967 Zürich/Zurich
89,5 x 127,5 cm

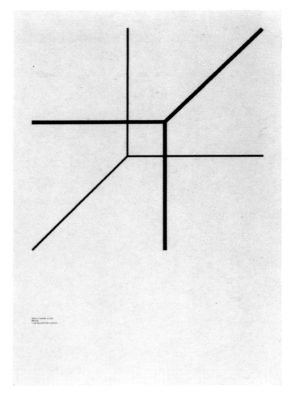

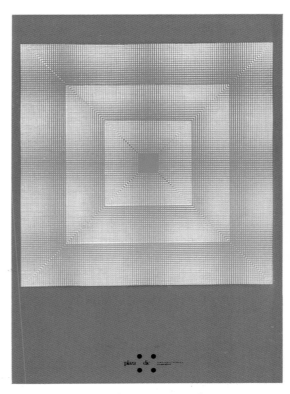

241
Georges Calame Claude Dupraz Designers Associate:
Georges Calame
Ausstellungsplakat. Offsetdruck, rot/schwarz auf
Silber
Affiche d'exposition. Impression offset
rouge/noir sur argent
Exhibition poster. Offset printing, red/black on silver
Fotografie/Photographie/Photography: Albert Rey
1969 Genf/Genève/Geneva
89,3 × 128 cm

242
Sante Bonfarnuzzo, A. G. Fronzoni
Ausstellungsplakat. Offsetdruck, schwarz
Affiche d'exposition. Impression offset, noir
Exhibition poster. Offset printing, black
1969 Mailand/Milan
69,6 × 100 cm

243
Mitsuo Katsui
Plakat für eine Galerie. Siebdruck
Affiche pour une galerie. Sérigraphie
Poster for a gallery. Silk screen process
1970 Tokio/Tokyo
49 × 71 cm

244
Mihajlo Arsovski
Ausstellungsplakat. Siebdruck
Affiche d'exposition. Sérigraphie
Exhibition poster. Silk screen process
1971 Zagreb
50 x 69,6 cm

245
Pierre Keller
Ausstellungsplakat. Siebdruck
Affiche d'exposition. Sérigraphie
Exhibition poster. Silk screen process
1970 Lausanne
90,5 x 128 cm

246
Gielijn Escher
Ausstellungsplakat. Siebdruck, schwarz
Affiche d'exposition. Sérigraphie, noir
Exhibition poster. Silk screen process, black
1971 Amsterdam
61,5 x 89,8 cm

musica   viva

donnerstag, den 7. januar 1971
20.15 uhr grosser tonhallesaal
zweites musica viva-konzert der tonhalle-gesellschaft zürich

leitung   ernest bour
solist   hansheinz schneeberger
orchester   tonhalle-orchester

klaus huber   violinkonzert «tempora»
karl amadeus hartmann   siebente sinfonie

karten zu fr. 2.50 bis 6.–
tonhallekasse, hug, jecklin, kuoni und filiale oerlikon kreditanstalt

entwurf j.müller-brockmann   nüdlsäuni siebdruck zürich

247
Josef Müller-Brockmann
Konzertplakat. Siebdruck
Affiche de concert. Sérigraphie
Concert poster. Silk screen process
1970 Zürich/Zurich
90,5 × 128 cm

253
Laszlo Moholy-Nagy
Plakatentwurf
«Fotoplastik», Montage mit fotografischen und
zeichnerischen Elementen
Projet d'affiche
«Fotoplastik», montage avec des éléments
graphiques et photographiques
Sketch for a poster
«Fotoplastik», montage with photographic and
graphic elements
1926 Weimar

254
Laszlo Moholy-Nagy
Plakatentwurf für Zirkus und Varieté
«Fotoplastik», Experiment mit dreidimensionalem
Effekt
Projet d'affiche de cirque et de variétés
«Fotoplastik», montage avec effet tridimensionnel
Sketch for a poster for circus and variety theatre
«Fotoplastik», experiment with 3D effect
1927 Weimar

255
El Lissitzky
Plakatentwurf für eine Tintenmarke
Fotogram
Projet d'affiche pour une marque d'encre
Photogramme
Poster-design for a make of ink
Photogram
1924 Hannover/Hanovre/Hanover
14,8 x 21,1 cm

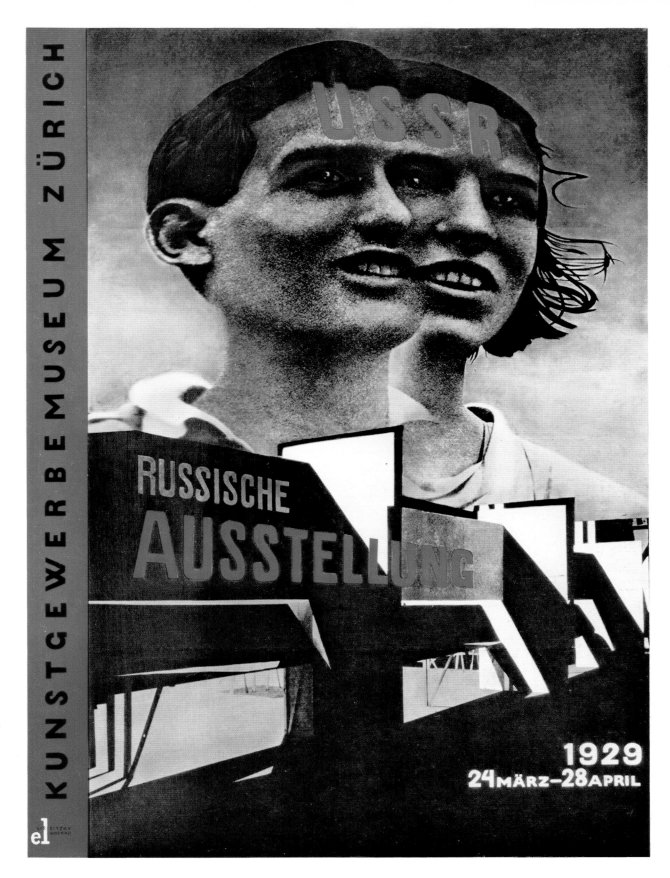

256
El Lissitzky
Ausstellungsplakat. Tiefdruck
Fotomontage
Affiche d'exposition. Impression en creux
Photomontage
Exhibition poster. Intaglio
Photo-montage
1929 Zürich/Zurich
90 x 126,5 cm

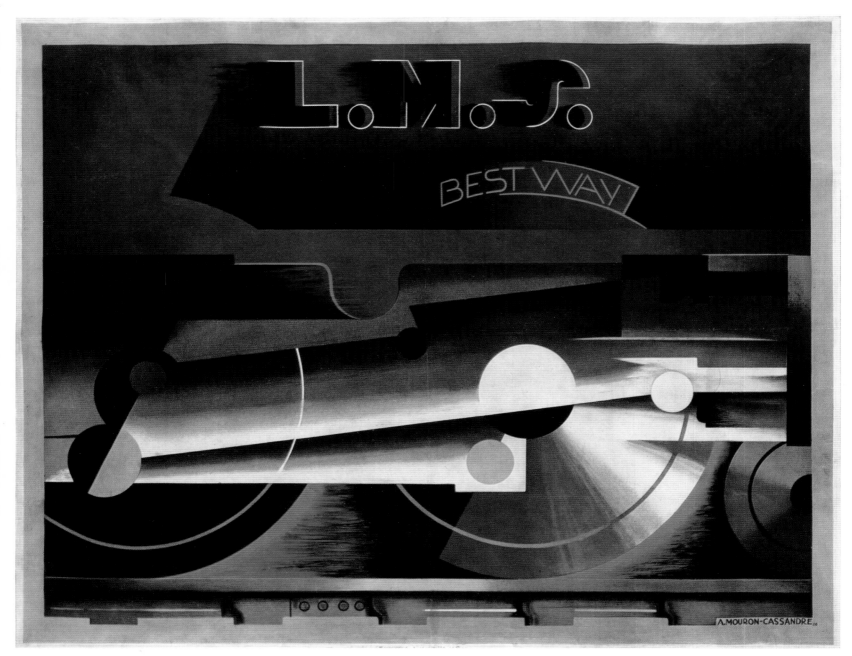

260
A. M. Cassandre
Eisenbahnreiseplakat. Lithografie
Kinetische Wirkung in der zeichnerischen Darstellung
Affiche pour voyages en train. Lithographie
Effet cinétique dans la représentation graphique
Railway poster. Lithography
Kinetic effect in graphic representation
1928 London/Londres
124 x 100 cm

261
A. M. Cassandre
Plakat für eine Weingrosshandlung. Offsetdruck
Kinetisch-optische Wirkung der Farb-Komposition
Affiche pour un grossiste de vin. Impression offset
Effet cinétique-optique de la composition chromatique
Poster for a wholesale wine firm. Offset printing
Kinetic-optical effect of colour composition
1935 Paris
320 x 240 cm

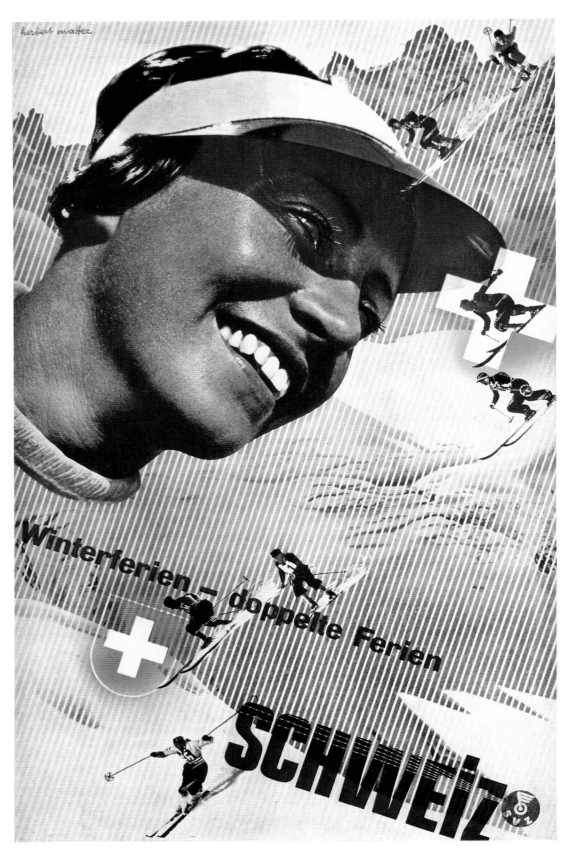

262
Herbert Matter
Touristisches Plakat. Tiefdruck, mehrfarbig
Fotomontage
Affiche touristique. Impression en creux, polychrome
Photomontage
Tourist poster. Intaglio, multi-coloured
Photo-montage
1934 Schweiz/Suisse/Switzerland
64 x 102 cm

263
Hans Neuburg
Plakat für eine Bouillonmarke. Tiefdruck
Fotodeformation
Affiche pour une marque de bouillon
Impression en creux
Photodéformation
Poster for a make of beef-tea. Intaglio
Photo deformation
Fotografie/Photographie/Photography:
Anton Stankowski
1934 Zofingen, Schweiz/Suisse/Switzerland
90,5 × 128 cm

264
Max Huber
Plakat für ein Autorennen. Offsetdruck
Visualisierung der Geschwindigkeit durch
dynamische Form und durch Überdruck
Affiche pour une course d'autos
Impression offset
Visualisation de la vitesse par une forme
dynamique et la surimpression
Poster for a car-race. Offset printing
Visualization of speed by dynamic shapes
and over-printing
1948 Mailand/Milan
100 × 140 cm

265
Erik Nitsche
Plakat für eine Industrie
Lithografie, mehrfarbig
Visualisierung der Atomenergie
Affiche industrielle
Lithographie, polychrome
Visualisation de l'énergie nucléaire
Poster Industrial
Lithography, multi-coloured
Visualization of atomic energy
1958 Lausanne
90 × 128 cm

266
Max Huber & E. F. Bonini
Plakat für eine Tanzhalle. Offsetdruck, mehrfarbig
Visualisierung der Rhythmen durch Form und durch
Überdruck
Affiche pour une salle de bal. Impression offset
polychrome
Visualisation des rythmes par la forme
et la surimpression
Poster for a dance hall. Offset printing, multi-
coloured
Visualization of rhythms by shapes and over-printing
1946 Mailand/Milan
100 × 140 cm

267
Josef Müller-Brockmann
Ausstellungsplakat. Offsetdruck, schwarz
Lichtzeichnung
Affiche d'exposition. Impression offset, noir
Dessin phototechnique
Exhibition poster. Offset printing, black
Light drawing
1953 Zürich/Zurich
90,5 × 128 cm

268
Ryuichi Yamashiro
Plakatentwurf: Die Wälder. Siebdruck, schwarz
Visualisierung des Waldes mit den chinesischen
Wortzeichen «Wald»
Projet d'affiche : Les Forêts. Sérigraphie, noir
Visualisation de la forêt par les idéogrammes chinois
«forêt»
Sketch for a poster: The woods. Silk screen process
black
Visualization of a wood using the Chinese signs
«wood»
1954 Tokio/Tokyo
72,8 × 103 cm

269
Pieter Brattinga
Ausstellungsplakat: Der Gestalter der PTT-Grafik
Offsetdruck
Experiment mit Überdruck
Affiche d'exposition : L'homme derrière la conception
graphique des PTT. Impression offset
Expérience avec surimpression
Exhibition poster: The man behind the designing
of the post and telegraph graphics. Offset printing
Experiment in over-printing
1960 Hilversum, Holland/Pays-Bas/Netherlands
47,8 × 69,7 cm

1. orchesterkonzert

mittwoch, den 4. juni 1969
leitung/ erich leinsdorf
solist/ isaac stern, violine
c. m. v. weber/ freischütz-ouvertüre
l. van beethoven/ violinkonzert in d-dur, op. 61
igor strawinsky/ le sacre du printemps

extrakonzert

sonntag, den 8. juni 1969
isaac stern, violine
alexander zakin, klavier
werke von   bach
brahms
prokofieff
bartok

2. orchesterkonzert

dienstag, den 10. juni 1969
leitung/ antal dorati
solist/ claudio arrau, klavier
joseph haydn/ sinfonie in b-dur, nr. 98
richard strauss/ till eulenspiegels lustige streiche, op. 28
johannes brahms/ klavierkonzert in d-moll, op. 15

musica viva-konzert

dienstag, den 12. juni 1969
duo alfons und aloys kontarsky, klavier
christoph caskel, schlagzeug
werke von bernd a. zimmermann
earl brown
karlheinz stockhausen
pierre boulez

konzerte

junifestwochen   1969

3. orchesterkonzert

dienstag, den 17. juni 1969
leitung/ rudolf kempe
solist/ zino francescatti, violine
karl amadeus hartmann/
kammerkonzert für klarinette, streichquartett
und streichorchester (uraufführung)
felix mendelssohn/ violinkonzert in e-moll, op. 64
l. van beethoven/ siebente sinfonie in a-dur, op. 92

tonhalle—
gesellschaft
zürich

2. extrakonzert

donnerstag, den 19. juni 1969
arturo benedetti michelangeli
werke von   clementi
schumann
ravel

4. orchesterkonzert

dienstag, den 24. juni 1969
leitung/ wolfgang sawallisch
solist/ arthur rubinstein, klavier
arthur honegger/ monopartita
peter tschaikowsky/ klavierkonzert in b-moll, op. 23
robert schumann/ zweite sinfonie in c-dur, op. 61

5. orchesterkonzert

dienstag, den 1. juli 1969
leitung/ rudolf kempe
solisten/ christa ludwig, alt
waldemar kmentt, tenor
w. a. mozart/ sinfonie in b-dur, kv 319
gustav mahler/ das lied von der erde

vorverkauf

tonhallekasse
musikhaus hug
pianohaus jecklin
reisebureau kuoni
filiale oerlikon kreditanstalt

preise

entwurf
josef müller-brockmann
druck
bollmann zürich

fr. 10.- bis 35.- orchesterkonzerte
fr. 10.- bis 30.- extrakonzerte
fr. 5.- bis 11.- musica viva-konzert

274
Josef Müller-Brockmann
Konzertplakat. Buchdruck
Visualisierung musikalischer Vorgänge
durch rhythmisierte Typografie
Affiche de concert. Typographie
Visualisation de phénomènes musicaux
par typographie rythmée
Concert poster. Letterpress printing
Visualization of musical processes by
rhythmized typography
1969 Zürich/Zurich
90,5 x 128 cm

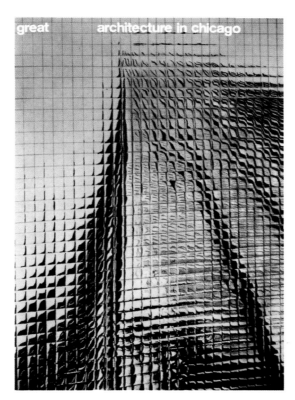

275
Peter Megert
Ausstellungsplakat. Siebdruck, silber/weiss
auf schwarzem Papier
Kinetische Wirkung der Typografie mit Überdruck
Affiche d'exposition
Sérigraphie, argent/blanc
sur papier noir
Effet cinétique de la typographie avec surimpression
Exhibition poster. Silk screen process
silver/white on black paper
Kinetic effect of typography with over-printing
1965 Bern/Berne
90,5 x 128 cm

276
Center for Advanced Research in Design:
Tomoko Miho. Art Director: John Massey
Plakat für eine Stadt. Siebdruck, schwarz und weiss
auf aluminiumüberzogenem Papier
Strukturelle Fotografie mit kinetischem Effekt
Affiche pour une ville. Sérigraphie, noir et blanc
sur papier couvert d'aluminium
Photographie structurelle avec effet cinétique
Poster for a city. Silk screen process
black and white on aluminimium covered paper
Structural photography with kinetic effect
Fotografie/Photographie/Photography:
Rodney Galarneau
1967 Chicago
88,5 x 127 cm

277
Pierre Keller
Ausstellungsplakat
Siebdruck, silber und blau auf schwarz
Typografisches Experiment mit kinetischer Wirkung
Affiche d'exposition
Sérigraphie, argent et bleu sur noir
Expérience typographique avec effet cinétique
Exhibition poster
Silk screen process, silver and blue on black
Typographic experiment with kinetic effect
1967 Lausanne
91,5 x 128 cm

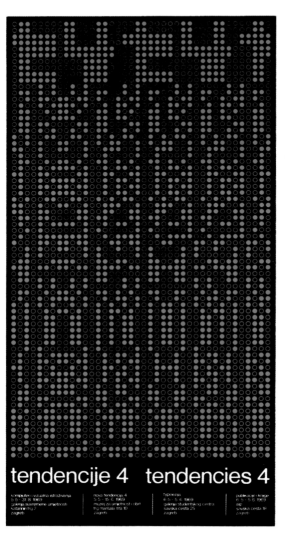

278
John Melin
Ausstellungsplakat: Fühle es
Siebdruck, schwarz auf aluminiumüberzogenem
Papier
Teilweise zerschnittenes Plakat, kinetische Wirkung
Affiche d'exposition : Sentez-le
Sérigraphie, noir sur papier couvert d'aluminium
Affiche partiellement découpée, effet cinétique
Exhibition poster: Feel it
Silk screen process, black on aluminium-covered paper
Partially cut poster, kinetic effect
1969 Malmö, Schweden/Suède/Sweden
70 × 99,7 cm

279
Container Corporation of America: Tomoko Miho
Art Director: John Massey
Plakat für eine Stadt. Offsetdruck
Visualisierung der Mammutstadt durch
Mehrfachbelichtung
Affiche pour une ville. Impression offset
Visualisation de la ville-mammouth
par exposition multiple
Poster for a city. Offset printing
Visualization of a mammoth town using repeated
exposures
1968 New York
75 × 114,5 cm

280
Ivan Picelj
Ausstellungsplakat. Siebdruck
Experiment «programmierte Ästhetik»
Affiche d'exposition. Sérigraphie
Expérience d'«esthétique programmée»
Exhibition poster. Silk screen process
Experiment in «programmed aesthetics»
1969 Zagreb,
49,4 × 97 cm

281
Robert Rauschenberg
Konzertplakat
Sieb- + Offsetdruck, lackiert
Typo-Fotomontage
Affiche de concert
Sérigraphie + impression
offset, laqué
Typo-photomontage
Concert poster
Silk screen process + offset
printing, lacquered
Typo-photo-montage
1968 New York
63,5 × 76 cm

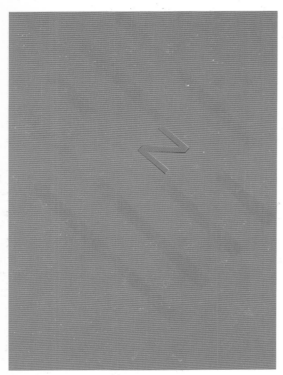

288
289
290

Gerstner + Kutter
Zeitungsplakate. Siebdruck
Affiches de journaux. Sérigraphie
Newspaper posters. Silk screen process
1960 Rorschach, Schweiz/Suisse/Switzerland
90,5 × 128 cm